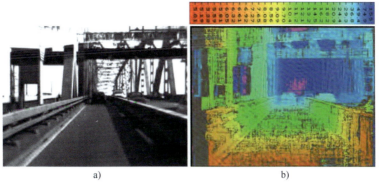

图 1.6 a）立体声对的图像（来自 EISATS 上可用的测试序列） b）使用顶部显示的颜色键为特定颜色分配距离（以 m 为单位）的深度图可视化。如果在该像素处计算的视差值具有低置信度，则像素以灰色显示。图片由西蒙·赫尔曼提供

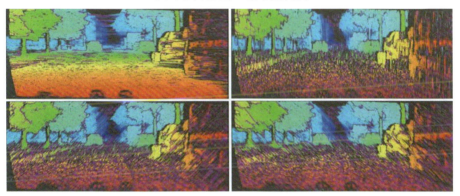

图 1.7 在 SGM 平滑约束和 3×9 MCEN 数据成本函数下，仅使用一条扫描线进行 DPSM 时，得到的立体数据视差图。从上到下，从左到右：从左到右的水平扫描线，从左下到右上的对角线扫描线，从上到下的垂直扫描线，从左到右的对角线扫描线。粉红色像素用于低置信度的位置（这里由非均匀的视差位置标识）。
图片由 Simon Hermann 提供，输入数据由戴姆勒公司提供

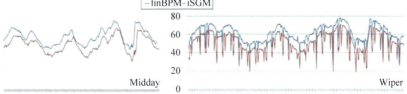

图 1.8 采用立体配准 iSGM 和 linBPM 的三眼技术对 9 组 EISATS 的 4 个真实三眼序列进行归一化互相关结果。图片由 Waqar Khan、Veronica Suaste 和 Diego Caudillo 提供

图 1.10 使用在图像边缘显示的颜色键来为特定颜色指定方向的光流可视化;流向量的长度用饱和度表示,其中值为"白色"(即未定义的饱和度)对应的是"无运动"。a)使用原始的 Horn-Schunck 算法计算光流。b)图 1.4a 所示图像的地面真值。图片由 Tobi Vaudrey 提供

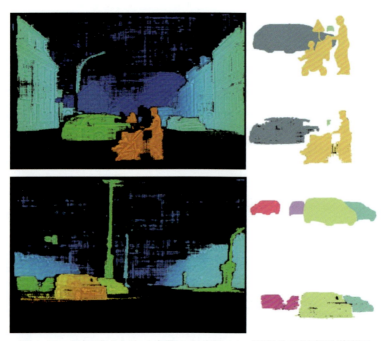

图 1.12 根据所述方法(步骤 1 和步骤 2),用预处理深度图说明了 EISATS 数据集 Set 7 的两个例子。分割的地面真值由 Barth 等(2010)提供,在两种情况下都显示在顶部。西蒙·赫尔曼提供

图 2.7 成功关联映射图像 a）和在线图像 b）的地标

图 2.8 给定精确的地图（稍后显示），预期的标记（蓝色）、停止线（红色）和路沿线（黄色）被投射到当前图像上。局部对应分析产生残差，这些残差被输入卡尔曼滤波器以估计车辆相对于地图的姿态

图2.9 现代立体加工流水线的视觉轮廓。从立体图像序列中计算出密集视差图像。红色像素表示测量距离自车（即距离≤10m）较近，绿色像素表示测量距离较远（即距离≥75m）。根据这些数据，计算柱状像素世界。这种中等水平的表示法实现了输入数据的简化，从数十万次的单一深度测量减少到只有几百个柱状像素。柱状像素随着时间的推移被跟踪，以估计其他物体的运动。箭头显示了被跟踪对象的运动矢量，提前0.5s指向目标。此信息用于提取用于后续处理任务的静态基础结构和移动对象。空闲空间以灰色显示

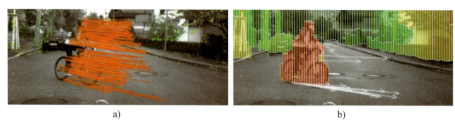

图2.10 一个骑单车的人在我们的车前左转弯：a）显示使用6D视觉特征的结果。b）显示相应的柱状像素结果

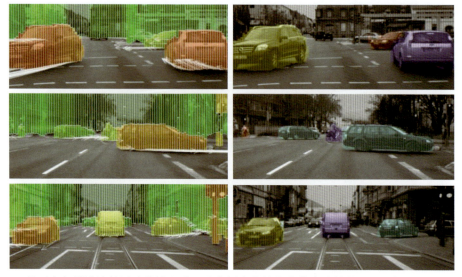

图2.11 基于卡尔曼滤波的运动估计以及运动分割步骤的柱状像素计算结果。左侧显示了柱状像素基点上的箭头，表示估计的运动状态。右侧为通过图像分割优化得到的相应标记结果。此外，颜色方案按照不同的类编码（右侧，左侧，同向，对向）。未着色区域被划分为静态背景

图 2.12 覆盖在灰度图像上的 ROI。在单目视觉的情况下 a），分类器需要测试大约 50000 个假设，而在立体视觉的情况下 b），这个数字减少到约 5000 个。如果假设每个柱状像素都是车辆在柱状像素世界给出的距离上的中心 c），则只需检查 500 个 ROI d）

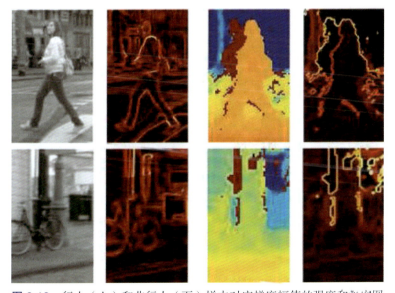

图 2.13 行人（上）和非行人（下）样本对应梯度幅值的强度和深度图像。请注意每种模态的独特特征，例如，与同一区域内相当均匀的差异相比，灰度图像中由于服装而产生了高对比度行人纹理。进一步的深度研究可以显著降低假阳性率。在 Enzweiler 等（2010）的研究中，检测效果提高了 5 倍

图 2.15 城市场景中全范围（0~200m）的车辆检测和跟踪示例
（绿色线条表示检测器置信水平）

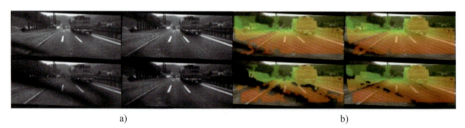

图 2.17 两帧连续的立体图像序列 a）。从单个图像对得到的视差结果显示在右边的第二列。由于刮水器遮挡了图像的某些部分，造成了较强的视差误差。从时序立体视觉得到的结果在视觉上没有误差 b）（Gehrig 等，2014）

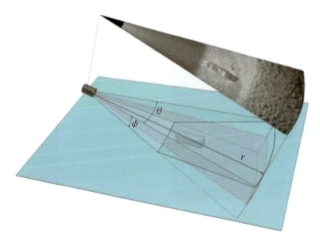

图 4.10 FLS 操作。声呐在方位角（θ）和仰角（ϕ）方向上发出横跨波束宽度的声波。返回的声能作为（r, θ）的函数进行采样，并可解释为将三维点映射到红色所示的零海拔平面

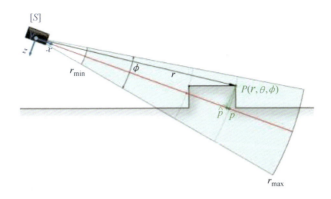

图 4.11 声呐投影几何。三维点 $P(r, \theta, \phi)$ 沿由仰角定义的弧映射到图像平面上的点 p 上。考虑到正交近似,点 p 被映射到 $\hat{p}$ 上,这相当于考虑到所有场景点都位于平面 X_sY_s 上(红色部分)。

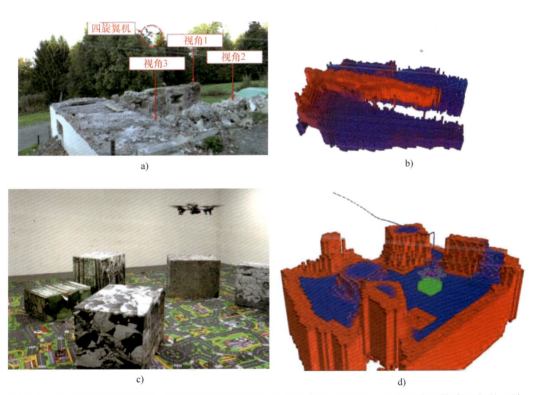

图 6.5 a)四旋翼机正飞过一座被摧毁的建筑物。b)重建的高程图。c)在室内环境中飞行的四旋翼机。d)执行自主着陆的四旋翼机。探测到的着陆点用绿色方块标记。蓝线是 MAV 飞向着陆点的轨迹。请注意,立面图是局部的,并且大小固定;其中心始终位于四边形转子的当前位置之下。图片由 Forster 等(2015)提供

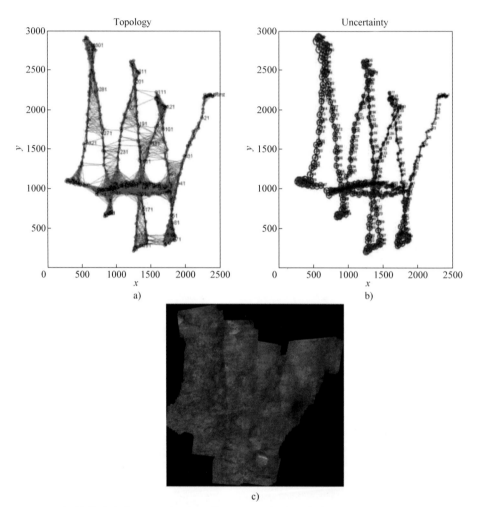

图 7.2 拓扑估计方案。a）用 Elibol 等（2010）提出的方案获得的最终轨迹。选择第一个图像帧作为全局帧，然后转换所有图像，以便在轴上具有正值。x 轴和 y 轴以像素为单位，比例约为 150 像素 /m。由于用于确定比例尺（声学高度计）的传感器的不确定度未知，因此该图以像素而不是距离表示。红色线条连接时间连续的图像，而黑色线条连接非时间连续重叠的图像对。重叠对的总数为 5412 对。b）最终轨迹的不确定性。图像中心的不确定性由轨迹的协方差矩阵计算（Ferrer 等，2007）。不确定度椭圆以 95% 的置信度绘制。c）根据估计轨迹构建的马赛克

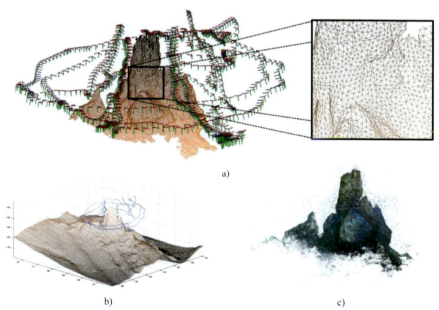

图7.8 a）用于绘制大西洋中脊约1700m深度的水下烟囱的轨迹（红色／绿色／蓝色分别对应 X/Y/Z 轴）。我们可以看到摄像机总是以前视方式指向物体。所示物体的形状是使用 Campos 等（2015）提出的方法恢复的。请注意，与使用 b）中多光束传感器获得的相同区域的 2.5D 表示相比，细节水平有所差异。b）中的轨迹是下视的，悬停在物体上，但是为了便于比较，我们显示了与 a）中相同的轨迹。最后，c）显示了通过光学技术检索的原始点云，用于在 a）中生成曲面。请注意，此数据集包含的噪声和异常值都比较大。数据由 Javier Escartin 提供（CNRS/IPGP，法国）

图7.11 埃拉特附近红海珊瑚礁斑块镶嵌图像的海底分类示例，覆盖约3m×6m。a）原始镶嵌图。b）使用五个类别的分类图像：脑珊瑚（绿色）、蚕豆珊瑚（紫色）、分枝珊瑚（黄色）、海胆（粉色）和沙子（灰色）。数据由（特拉维夫大学的 Assaf Zvuloni 和 Yossi Loya 提供）

智能交通先进技术译丛

车载计算机视觉技术

Computer Vision in
Vehicle Technology

[西班牙] 安东尼奥·M.洛佩斯（Antonio M.López）
[日] 井宫淳史（Atsushi Imiya）　　　　　　　　　　编著
[捷克] 托马斯·帕迪拉（Tomas Pajdla）
[澳] 乔斯·M.阿尔瓦雷斯（Jose M.Álvarez）

周　彬　余贵珍　译

机械工业出版社

对不同类型车辆使用计算机视觉技术的研究侧重点,是将计算机视觉与汽车、无人机和水下航行器等研究领域结合起来。这也为研究计算机视觉应用领域当前发展的研究人员提供了参考,包括先进的驾驶员辅助系统(行人检测、车道偏离警告、交通标志识别)、自动驾驶和机器人导航(带视觉同步定位和绘图)或无人机(避障、景观分类和测绘、火灾风险评估)等。本书分析了计算机视觉在不同车辆导航中的总体作用,以及解决车载应用的技术,主要特点是以高度信息化和易懂的方式介绍计算机视觉和车辆技术领域的最新进展。

本书从导航和可寻址应用的角度全面综述了车辆中先进的计算机视觉技术,详细描述了车辆视觉技术领域近期面临的挑战和商机,可作为计算机视觉研究人员,以及从事车辆技术工作的工程师和计算机视觉专业学生的参考用书。

Copyright © 2017 John Wiley & Sons Ltd.

All rights reserved. This translation published under license. Authorized translation from the English language edition, entitled Computer Vision in Vehicle Technology, ISBN 9781118868072, by Antonio M. López, Atsushi Imiya, Tomas Pajdla, Jose M. Álvarez Published by John Wiley & Sons Ltd. No part of this book may be reproduced in any form without the written permission of the original copyrights holder. Copies of this book sold without a Wiley sticker on the cover are unauthorized and illegal.

本书中文简体字版由 Wiley 授权机械工业出版社出版,未经出版者书面允许,本书的任何部分不得以任何方式复制或抄袭。版权所有,翻印必究。

北京市版权局著作权合同登记　图字:01-2018-1381 号。

图书在版编目(CIP)数据

车载计算机视觉技术/(西)安东尼奥·M. 洛佩斯等编著;周彬,余贵珍译 . —北京:机械工业出版社,2022.1

(智能交通先进技术译丛)

书名原文:Computer Vision in Vehicle Technology

ISBN 978-7-111-70025-8

Ⅰ.①车…　Ⅱ.①安…②周…③余…　Ⅲ.①智能控制-汽车-计算机视觉　Ⅳ.①U46

中国版本图书馆 CIP 数据核字(2022)第 013392 号

机械工业出版社(北京市百万庄大街22号　邮政编码100037)
策划编辑:李　军　　　　责任编辑:李　军
责任校对:樊钟英　刘雅娜　封面设计:鞠　杨
责任印制:郜　敏
盛通(廊坊)出版物印刷有限公司印刷
2022年3月第1版第1次印刷
169mm×239mm·8.5 印张·8 插页·175 千字
0 001—1 900 册
标准书号:ISBN 978-7-111-70025-8
定价:129.00 元

电话服务　　　　　　　　网络服务
客服电话:010-88361066　　机　工　官　网:www.cmpbook.com
　　　　　010-88379833　　机　工　官　博:weibo.com/cmp1952
　　　　　010-68326294　　金　书　网:www.golden-book.com
封底无防伪标均为盗版　　　机工教育服务网:www.cmpedu.com

前言

这本书是车辆技术中的计算机视觉（CVVT）研讨会思想的延续。在我写完这本书的时候，第 7 届 CVVT 研讨会 CVPR 2016 正在拉斯维加斯举行。之前的 CVVT 研讨会有在波士顿举办的 CVPR 2015（http：//adas.cvc.uab.es/CVVT2015/），在苏黎世举办的 ECCV 2014（http：//adas.cvc.uab.es/CVVT2014/），在悉尼举办的 ICC-V 2013（http：//adas.cvc.uab.es/CVVT2013/），在佛罗伦萨举办的 ECCV 2012（http：//adas.cvc.uab.es/CVVT2012），在巴塞罗那举办的 ICCV 2011（http：//adas.cvc.uab.es/CVVT2011/），以及在昆士城举办的 ACCV 2010（http：//www.media.imit.chibau.ip/CVVT2010/）。这意味着在这些年里，在许多被邀请的演讲者、合作组织者、作者和赞助商的共同努力下，CVVT 一直充满着活力。在这里，我们向他们表示诚挚的谢意！当然，我们也要特别感谢这本书的全体作者，他们为本书的撰写付出了大量心血。

此外，我还需要感谢巴塞罗那自治大学计算机视觉中心高级驾驶员辅助系统（ADAS）组织的过去和现在的成员。感谢目前的公共资助，特别是西班牙 MEC 项目 TRA2014-57088-C2-1-R、西班牙 DGT 项目 SPIP2014-01352 和加泰罗尼亚自治区项目 2014-SGR-1506。最后，我要感谢英伟达（NVIDIA）公司慷慨捐赠的多种图形处理硬件单元，特别是对 ADAS 组织活动的大力支持。

Tomas Pajdla 获得了欧盟 H2020 授权 No. 688652UP-Drive 和布拉格的捷克技术大学研究机构资源的支持。

Atsushi Imiya 从 2010—2015 年在日本千叶大学获得了 IMIT 项目大数据集模式识别项目的支持。

Jose M. Álvarez 获得了澳大利亚研究理事会的支持，该理事会为仿生视觉提供了"仿生视觉科学与技术专项研究计划"。澳大利亚国家信息通信技术协会是由澳大利亚政府通过交通部和澳大利亚研究委员会通过 ICT 卓越中心项目建立的。

这本书分为与 CVVT 主题相关的 7 个独立的章节，简单地说，第 1 章是连接计算机视觉与车辆的主要思想的快速回顾。第 2~7 章更加专业化，可以分为两个部分。第 2~4 章重点介绍了计算机视觉在车辆自动导航中的应用，其中，第 2 章关注地面（自动驾驶汽车），第 3 章关注空中（微型飞行器），第 4 章关注海洋（水下机器人）。第 5~7 章着重于使用计算机视觉作为一种技术来解决自动导航之外的特定应用，其中第 5 章特别关注地面（ADAS），第 6 章和第 7 章分别关注空中和海上。

安东尼奥·M. 洛佩斯
西班牙巴塞罗那自治大学计算机视觉中心

目　录

前言

第1章　车辆中的计算机视觉 ……………………………………………… 1

 1.1　简介 ………………………………………………………………… 1
  1.1.1　应用 …………………………………………………………… 2
  1.1.2　交通安全和舒适性 …………………………………………… 2
  1.1.3　计算机视觉的优势 …………………………………………… 3
  1.1.4　通用和特定任务 ……………………………………………… 3
  1.1.5　多模块解决方案 ……………………………………………… 4
  1.1.6　准确性、精确性和鲁棒性 …………………………………… 4
  1.1.7　比较绩效评估 ………………………………………………… 4
  1.1.8　成功案例 ……………………………………………………… 5
 1.2　符号和基本定义 …………………………………………………… 5
  1.2.1　图像和视频 …………………………………………………… 5
  1.2.2　摄像机 ………………………………………………………… 7
  1.2.3　优化 …………………………………………………………… 8
 1.3　视觉任务 …………………………………………………………… 10
  1.3.1　距离 …………………………………………………………… 10
  1.3.2　运动 …………………………………………………………… 13
  1.3.3　物体检测与跟踪 ……………………………………………… 15
  1.3.4　语义分割 ……………………………………………………… 16
 1.4　本章小结 …………………………………………………………… 18
 致谢 ……………………………………………………………………… 19

第2章　自动驾驶 ……………………………………………………………… 20

 2.1　简介 ………………………………………………………………… 20
  2.1.1　梦想 …………………………………………………………… 20
  2.1.2　应用 …………………………………………………………… 21
  2.1.3　自动驾驶等级 ………………………………………………… 22

2.1.4 重要研究项目 ……………………………………………………… 22
2.1.5 户外视觉挑战 ……………………………………………………… 25
2.2 城市自动驾驶 …………………………………………………………… 25
2.2.1 定位 ………………………………………………………………… 28
2.2.2 基于立体视觉的三维感知 ………………………………………… 30
2.2.3 目标识别 …………………………………………………………… 35
2.3 挑战 ……………………………………………………………………… 40
2.3.1 增加鲁棒性 ………………………………………………………… 41
2.3.2 语义分割 …………………………………………………………… 41
2.3.3 意图识别 …………………………………………………………… 43
2.4 本章小结 ………………………………………………………………… 43
致谢 ……………………………………………………………………………… 45

第3章 微型飞行器的计算机视觉 …………………………………………… 46

3.1 简介 ……………………………………………………………………… 46
3.2 系统和传感器 …………………………………………………………… 47
3.3 自我运动估计 …………………………………………………………… 48
3.3.1 利用惯性和视觉测量进行状态估计 ……………………………… 49
3.3.2 单目视觉 MAV 位姿 ……………………………………………… 51
3.3.3 立体视觉 MAV 位姿 ……………………………………………… 52
3.3.4 光流测量 MAV 位姿 ……………………………………………… 54
3.4 3D 建图 ………………………………………………………………… 56
3.5 自主导航 ………………………………………………………………… 58
3.6 场景理解 ………………………………………………………………… 60
3.7 本章小结 ………………………………………………………………… 60

第4章 水下机器人的海底探险 ……………………………………………… 62

4.1 简介 ……………………………………………………………………… 62
4.2 水下成像的挑战 ………………………………………………………… 63
4.3 在线计算机视觉技术 …………………………………………………… 65
4.3.1 去雾 ………………………………………………………………… 65
4.3.2 视觉里程计 ………………………………………………………… 70
4.3.3 SLAM ……………………………………………………………… 71
4.3.4 激光扫描 …………………………………………………………… 75
4.4 声成像技术 ……………………………………………………………… 75
4.4.1 图像形成 …………………………………………………………… 76
4.4.2 声学处理的在线技术 ……………………………………………… 78

4.5 本章小结 ……………………………………………………………………… 81
致谢 ……………………………………………………………………………… 81

第 5 章　基于视觉的高级驾驶员辅助系统 ………………………………… 82

5.1 简介 ……………………………………………………………………… 82
5.2 前向辅助 ………………………………………………………………… 83
 5.2.1 自适应巡航控制（ACC）和前向避碰（FCA） ………………… 83
 5.2.2 交通标志识别（TSR） …………………………………………… 84
 5.2.3 交通拥堵辅助（TJA） …………………………………………… 85
 5.2.4 弱势道路使用者保护 ……………………………………………… 86
 5.2.5 智能前照灯控制 …………………………………………………… 89
 5.2.6 增强夜视（动态光斑） …………………………………………… 89
 5.2.7 智能主动悬架 ……………………………………………………… 91
5.3 横向辅助 ………………………………………………………………… 92
 5.3.1 车道偏离警告（LDW）和车道保持系统（LKS） ……………… 92
 5.3.2 变道辅助（LCA） ………………………………………………… 94
 5.3.3 泊车辅助 …………………………………………………………… 94
5.4 驾驶员监控和睡意检测 ………………………………………………… 95
5.5 本章小结 ………………………………………………………………… 97
 5.5.1 鲁棒性 ……………………………………………………………… 97
 5.5.2 成本 ………………………………………………………………… 98
致谢 ……………………………………………………………………………… 98

第 6 章　鸟瞰应用挑战 …………………………………………………………… 99

6.1 简介 ……………………………………………………………………… 99
 6.1.1 微型飞行器 ………………………………………………………… 99
 6.1.2 微型旋翼机 ………………………………………………………… 99
6.2 GPS 导航失效 …………………………………………………………… 100
 6.2.1 带距离传感器的自主导航 ………………………………………… 101
 6.2.2 带视觉传感器的自主导航 ………………………………………… 101
 6.2.3 SFLY：微型飞行器群 …………………………………………… 102
 6.2.4 SVO：一种用于 MAV 的视觉里程算法 ………………………… 102
6.3 应用和挑战 ……………………………………………………………… 103
 6.3.1 应用 ………………………………………………………………… 103
 6.3.2 安全性和鲁棒性 …………………………………………………… 104
6.4 本章小结 ………………………………………………………………… 107

第7章 水下视觉的应用挑战 ……………………………………………… 108

7.1 简介 ………………………………………………………………… 108
7.2 水下测绘与检测的离线计算机视觉技术 ………………………… 109
    7.2.1 2D 马赛克 …………………………………………………… 109
    7.2.2 2.5D 映射 …………………………………………………… 116
    7.2.3 3D 映射 ……………………………………………………… 117
    7.2.4 用于海底分类的机器学习 ………………………………… 123
7.3 声学测绘技术 ……………………………………………………… 126
7.4 本章小结 …………………………………………………………… 128

结束语 …………………………………………………………………………… 129
参考文献 ………………………………………………………………………… 130

第1章
车辆中的计算机视觉

Reinhard Klette

新西兰奥克兰的奥克兰科技大学工程、计算机和数学科学学院

本章将简要介绍车辆中计算机视觉的学术研究,包括计算机视觉中使用的基本符号和定义。本章还将讨论一些与车辆控制和环境理解相关的视觉任务。

1.1 简介

计算机视觉通过使用摄像机来设计理解现实世界的解决方案。相关内容可以参考 Rosenfeld(1969)、Horn(1986)、Hartley 和 Zisserman(2003)、Klette(2014)有关计算机视觉的专著或教科书。

目前,运行计算机视觉的载体包括汽车、飞机、无人驾驶飞行器(UAV)/多旋翼直升机(见图1.1a 的四旋翼飞行器)、卫星,甚至月球或火星上的自动驾驶探测器。

a) b)

图1.1 a)四旋翼飞行器。b)使用改进的 FAST 特征探测器从飞行的四旋翼飞行器探测到的角点。由 Konstantin Schauwecker 提供

在本书中,自我载体是指计算机视觉系统在其中运行的载体;自我运动描述了自我设备在现实世界中的运动。

1.1.1 应用

计算机视觉解决方案目前应用于载人车辆中，以提高安全性或舒适性，如用于支持运动或行为控制的自动驾驶车辆（如机器人），以及远程无人机。无人机技术在帮助拯救生命、创建三维（3D）模型等方面也具有良好的潜力。水下机器人和无人水面交通工具是视觉增强车辆的重要应用。

1.1.2 交通安全和舒适性

交通安全是车辆计算机视觉的主要应用领域。目前，由于交通事故，全球每年约有124万人死亡（WHO，2013），平均每分钟有2.4人死于交通事故。这与西方政客用于获得对"反恐战争"的支持的数字相比如何？计算机视觉可以在解决真实的现实世界问题中发挥重要作用（见图1.2）。通过控制交通流量（例如用于检测安全距离并相应调整速度，或通过检测障碍物和约束轨迹）可以减少交通事故的发生。

计算机视觉也被引入现代汽车中以改善驾驶舒适性。对盲点的监控、自动距离控制或道路不平整的补偿，是计算机视觉在提高驾驶舒适性方面提供的众多应用中的三个例子。

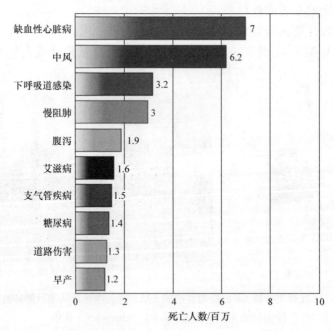

图1.2 世界十大主要死因（2011年）。世界卫生组织（WHO）在线提供的图表。道路伤害在2011年排名第9

1.1.3 计算机视觉的优势

计算机视觉是智能车辆控制系统（例如在现代汽车中或在机器人中）的重要组成部分。火星漫游者"好奇号"和"机遇号"就是基于计算机视觉运作的，"机遇号"已经在火星上运行了十多年。人类的视觉系统提供了一种存在的证据，即只有视觉能够提供驾驶车辆所需的几乎所有信息。计算机视觉旨在为车辆创建可比较的自动化解决方案，使它们能够在现实世界中安全地行驶。此外，计算机视觉也可以"在同一级别的注意力下"不断地工作，应用相同的规则或程序；人类由于疲劳或分心无法做到这一点。

人类应用积累的知识和经验（例如直觉），将计算机视觉解决方案嵌入能够具有直觉等能力的系统是一项具有挑战性的任务。计算机视觉为未来汽车的发展提供了更多的机会。

1.1.4 通用和特定任务

通用的视觉任务包括计算距离、测量亮度或检测图像中的角点（见图 1.1b）。相比之下，还存在特定的视觉任务，如检测行人、理解自我运动或计算车辆可在接下来的几秒内安全移动的自由空间。通用和特定任务之间的界限没有明确定义。

通用任务的解决方案旨在创建一个独立的模块，以便潜在地集成到复杂的计算机视觉系统中。但是没有通用的角点探测器，也没有通用的立体视觉匹配器。对特定情况的适应似乎是优化使用给定模块用于通用任务的一般方式。

特定任务的解决方案通常构建为在复杂系统中交互的多个模块。

例 1.1　车道视觉分析中的特定任务

Shin 等（2014）回顾了驾驶员辅助系统或自动驾驶的视觉车道分析。在这种情况下，作者讨论了诸如"视觉车道分析与驾驶员监控的结合、自我运动分析、通过位置分析、车辆检测、导航"等具体任务。他们通过图 1.3 所示的应用程序说明了后一个示例：车道检测和道路标志阅读，GPS 数据和电子地图的分析，以及二维（2D）可视化结合到一个实景导航系统（Choi 等，2010）

图 1.3　实时导航的两个截图。由 Choi 等人提供（2010）

1.1.5 多模块解决方案

为给定的任务设计多模块解决方案并不比设计单模块解决方案更困难。事实上,为某些单个模块(例如,用于运动分析)寻找解决方案可能非常具有挑战性。设计多模块解决方案需要做到以下几点:

1)模块化解决方案可用且已知。

2)根据特定情况或情景(Klette 等,2011)评估这些解决方案的工具,以便能够选择(或调整)解决方案。

3)设计和控制适当的多模块系统的概念。

4)系统优化包括在不同场景上进行比单个模块更广泛的测试(由于多模块交互的组合复杂性的增加)。

5)多个模块需要控制(例如,当许多设计者分别插入用于控制车辆中的各种操作的处理器时,如果车辆变得不稳定,则控制工程师不应该感到惊讶)。

1.1.6 准确性、精确性和鲁棒性

解决方案可以表征为具有准确性、精确性或鲁棒性。准确性意味着在系统上接近特定情景的真实值。精确性还考虑了随机错误的发生;一个精确的解决方案应该在可比条件下产生大致相同的结果。鲁棒性意味着一组场景的近似正确性,包括特别具有挑战性的场景:在这种情况下,明确地指定定义场景是合适的,例如,使用视频描述符(Riassouli 和 Kompatsiaris,2010)或数据测量(Suaste 等,2013)。理想情况下,鲁棒性应该针对给定任务解决现实世界中的任何可能情况。

1.1.7 比较绩效评估

对一项任务的解决方案进行比较性能分析的有效方法是让不同的作者在相同的基准数据上测试他们自己的程序。但我们不仅需要评估程序,还需要评估所使用的基准数据(Haeusler 和 Klette,2010 及 2012),以确定其挑战或相关性。

基准测试需要采用量化性能的措施,以便我们可以比较各种数据的准确性或不同输入数据的鲁棒性。

图 1.4 所示为生成基准的两种可能方式,一种是使用计算机图形来渲染具有准确已知地面实况的序列,另一种是使用高端传感器(在图 1.4 所示的情况下,使用提供了真值的激光测距仪)。

但是,这些评估需要谨慎考虑,因为一切都无法比较。评估取决于所使用的基准数据;一些汇总数字可能与现实世界中可能发生的特定情景无关。对于某些输入数据,我们根本无法回答解决方案的执行情况;例如,在大型道路交叉路口的中间,我们无法回答哪种车道边界检测算法对此方案的效果最佳。

图1.4 可用于运动和距离计算的计算机视觉算法的比较分析的基准数据示例。a) 来自 EISATS 上提供的具有准确真值的合成序列的图像。b) 在 KITTI 上提供的具有近似真值的真实世界序列的图像

1.1.8 成功案例

在比较评估计算机视觉解决方案时,我们并不会天真地期待一个永远的"赢家"。车辆在现实世界中运行(无论是在地球上,还是在月亮或在火星上),它是如此多样化,不是所有可能发生的事件可以在设计程序的基础约束中建模。特殊解决方案针对不同场景执行不同的操作,一个成功的程序可能在另一个场景中失败。我们只能评估特定解决方案在特定场景下的执行情况。最后,这可能通过适应当前车辆一次经历的场景来支持优化策略。

1.2 符号和基本定义

本节提供以下基本符号和定义(Klette,2014)。

1.2.1 图像和视频

图像 I 是在一组整数(像素位置)上定义的,称为图像载体,其中 N_{cols} 和 N_{rows} 分别定义列数和行数。我们假设一个左手坐标系,其坐标原点位于图像的左上角,x 轴位于右侧,y 轴位于下方。图像 I 的像素将载波 Ω 中的位置 $p=(x,y)$ 与该位置处的 I 的值 $I(p)$ 组合。

标量图像在集合 $\{0,1,\cdots,2^a-1\}$ 中取值,通常 $a=8$、$a=12$ 或 $a=16$,矢量值图像 I 具有有限数量的标量值。视频或图像序列由帧 $I(.,.,t)$ 组成,对于 $t=1, 2,\cdots,T$,均为同一载波 Ω 上的图像

$$\Omega = \{(x,y) : 1 \leq x \leq N_{cols} \wedge 1 \leq y \leq N_{rows}\} \subset \mathbb{Z}^2 \quad (1.1)$$

例 1.2 三个例子

在 RGB 彩色图像 $I=(R,G,B)$ 的情况下,我们具有像素 $[p,I(p)]=[p,R(p),G(p),B(p)]$。

几何校正的灰度立体图像或帧 $I=(L,R)$ 由两个通道 L 和 R 组成,通常称为左

图像和右图像；这是以图像的多图像对象（mpo）格式实现的（CIPA，2009）。

对于一系列灰度立体图像，我们在 $L(.,.,t)$ 和 $R(L)$ 中有像素 $[p,t,L(p,t)]$ 和 $[p,t,R(p,t)]$ 分别在像素位置 p 和时间 t 处。

1.2.1.1 高斯函数

零均值高斯函数定义如下

$$G_\sigma(x,y) = \frac{1}{2\pi\sigma^2}\exp\left(-\frac{x^2+y^2}{2\sigma^2}\right) \tag{1.2}$$

对于 $\sigma>0$，图像 I 与高斯函数的卷积产生平滑的图像，也称为高斯。本节使用 Lindeberg（1994）为"层"引入的符号 L；给定的上下文将防止与立体图像对的左图像 L 混淆。

$$L(p,\sigma) = [I \times G_\sigma](p) \tag{1.3}$$

1.2.1.2 边缘

基于一阶或二阶导数检测图像中的阶梯边缘，例如梯度 ∇I 或者拉普拉斯 ΔI 由下式确定

$$\nabla I = \mathrm{grad} I = \left[\frac{\partial I}{\partial x}, \frac{\partial I}{\partial y}\right]^T \text{ 或 } \Delta I = \nabla^2 I = \frac{\partial^2 I}{\partial x^2} + \frac{\partial^2 I}{\partial y^2} \tag{1.4}$$

将 L_1- 或 L_2- 局部极大值 $\|\nabla I\|_1$ 或者 $\|\nabla I\|_2$，或零交叉值 ΔI 作为阶梯边缘的指示。梯度或拉普拉斯算子通常在平滑之前，使用具有零均值高斯函数的卷积。

或者，可以基于局部频率空间表示检测图像中的相位一致边缘（Kovesi，1993）。

1.2.1.3 角点

设 I_{xx}、I_{xy}、I_{yx} 和 I_{yy} 表示图像 I 的二阶导数。图像中的角是基于高曲率的强度值定位的，由标量图像 I 中的像素位置 p 处的海森矩阵的两个大的特征值来识别（Harris 和 stephens，1988），见式（1.5）。图 1.1 显示了 FAST 检测到的角点。通常使用具有零均值高斯函数的卷积进行平滑处理。

$$H(p) = \begin{bmatrix} I_{xx}(p) & I_{xy}(p) \\ I_{xy}(p) & I_{yy}(p) \end{bmatrix} \tag{1.5}$$

1.2.1.4 规模空间和要点

关键点或兴趣点通常在给定图像的尺度空间的 $3\times3\times3$ 子集中被检测为最大值或最小值（Crowley 和 Sandersn，1987；Lindeberg，1994）。高斯差分的一组有限差异产生了 DoG 尺度空间，见式（1.6）。这些差异是拉普拉斯算子对图像的逐渐平滑版本的近似（关于形成 LoG 尺度空间的拉普拉斯算子的示例，见图 1.5）。

$$D_{\sigma,a}(p) = L(p,\sigma) - L(p,a\sigma) \tag{1.6}$$

1.2.1.5 特征

图像特征最终是由关键点、边缘、角落等定义的位置（兴趣点），以及通常作为数据向量给出的描述符，例如，在尺度不变特征变换的情况下（SIFT），长度为

图 1.5 相同图像的平滑副本的拉普拉斯变换,使用 OpenCV 中的函数 cv::GaussianBlur 和 cv::Laplacian,设置值为 0.5、1、2 和 4,参数 σ 用于平滑。线性缩放用于更好地了解所得拉普拉斯算子。图片由 Sandino Morales 提供

128 表示局部梯度,但也可能是其他格式,如图形。例如,阶梯边缘的描述符可以是沿边缘的梯度值的均值和方差,角落的描述符可以由海森矩阵的特征值来定义。

1.2.2 摄像机

我们有一个 $X_w Y_w Z_w$ 世界坐标系,它不是由特定的摄像机或其他传感器定义的,而是引入一个摄像机坐标系 $X_s Y_s Z_s$(索引"s"代表"传感器"),它描述的是通过仿射变换得到的世界坐标,由旋转矩阵 R 和平移向量 t 定义。

3D 空间中的一个点,在世界坐标下为 $P_w = (X_w, Y_w, Z_w)$,在摄像机坐标下为 $P_s = (X_s, Y_s, Z_s)$。除了点的坐标表示法之外,我们还使用向量表示法,如 $P_w = (X_w, Y_w, Z_w)^T$。

1.2.2.1 针孔摄像机

Z_s 轴为光轴建模。假设一个理想的针孔摄像机,我们可以忽略径向失真,并且可以在坐标为 x_u 和 y_u 的图像平面中具有未失真的投影点。$x_u y_u$ 图像平面和投影中心之间的距离 f 是焦距。

世界中的可见点 $P = (X_s, Y_s, Z_s)$ 通过中心投影映射到未失真图像平面中的像素位置 $P = (x_u, y_u)$

$$x_u = \frac{fX_s}{Z_s}, y_u = \frac{fY_s}{Z_s} \tag{1.7}$$

在 Z_s 轴与像平面的交点处使用 $x_u y_u$ 图像坐标原点。

光轴与 xy 坐标中的像平面的交点 (c_x, c_y) 称为主点。由此得出 $(x, y) = (x_u +$

$c_x, y_u + c_y$)。2D xy 图像坐标系中的像素位置 (x, y) 在 $X_s Y_s Z_s$ 摄像机坐标系中具有 3D 坐标 $(x - c_x, y - c_y, f)$。

1.2.2.2 内外参数

假设有多个摄像机 C_i，对于某些索引 i（例如，对于双目立体），只有 C_L 和 C_R 摄像机校准指定内部参数，如摄像机传感器单元的边长 e_x^i 和 e_y^i（定义纵横比）、偏斜参数 s^i、主点 $c_i = (c_x^i, c_y^i)$ 的坐标，其中摄像机 i 和像平面的光轴相交，焦距 f_i 可以细化为 f_x^i 和 f_y^i 和镜头失真参数 κ_1^i 和 κ_2^i。通常，可以假设镜片失真之前已经被校准，并且不再需要被包括在该组内部参数中。外部参数由旋转矩阵和平移向量定义，如矩阵 R^{ij} 和向量 t^{ij} 用于摄像机坐标系之间的仿射变换 $X_s^i Y_s^i Z_s^i$ 和 $X_s^j Y_s^j Z_s^j$，或矩阵 R^i 和向量 t^i 用于摄像机坐标系之间的仿射变换 $X_s^i Y_s^i Z_s^i$ 和 $X_w Y_w Z_w$。

1.2.2.3 单目摄像机投影方程

相位投影方程在齐次坐标系中，映射一个 3D 点 $P = (X_w, Y_w, Z_w)$ 到第 i 个摄像机的图像坐标 $p_i = (x_i, y_i)$，如下：

$$k \begin{bmatrix} x^i \\ y^i \\ 1 \end{bmatrix} = \begin{bmatrix} f^i/e_x^i & s^i & c_x^i & 0 \\ 0 & f^i/e_y^i & c_y^i & 0 \\ 0 & 0 & 1 & 0 \end{bmatrix} \begin{bmatrix} R^i & [R^i]^T t^i \\ \mathbf{0}^T & 1 \end{bmatrix} \begin{bmatrix} X_w \\ Y_w \\ Z_w \\ 1 \end{bmatrix} \quad (1.8)$$

$$= [K^i | \mathbf{0}] \cdot A^i \cdot [X_w, Y_w, Z_w, 1]^T$$

式中，$k \neq 0$ 是比例因子。

式（1.8）定义了固有摄像机的 3×3 矩阵 K^i 的参数和 4×4 矩阵 A^i 的外部参数（仿射变换），3×4 摄像机矩阵 $C^i = [K^i | \mathbf{0}] \cdot A^i$ 由 11 个参数定义。

1.2.3 优化

我们指定了一种在计算机视觉中具有各种应用的流行优化策略。在抽象意义上，我们为每个像素在 L 个可能的标签中分配标签 l（例如，光流向量 u、视差 d、段标识符或表面梯度），例如，从像素 p 指向欧几里得点的所有矢量到 p 的距离小于给定的阈值。因此，标签 $(u, v) \in \mathbb{R}^2$ 在 2D 中连续。

1.2.3.1 优化标签功能

标签被分配给所有像素的载波 Ω 比率函数 $f: \Omega \to L$。解决标记问题意味着识别以某种方式近似于确定的误差或能量的最佳值的标记 f

$$E_{\text{total}}(f) = E_{\text{data}}(f) + \lambda E_{\text{smooth}}(f) \quad (1.9)$$

式中，$\lambda > 0$ 是一个权重；$E_{\text{data}}(f)$ 是数据成本；$E_{\text{smooth}}(f)$ 是平滑成本。

λ 的减小有助于减少计算标签的平滑。理想情况下，我们在所有可能标记的集合中搜索最佳（即，总误差最小）f，其定义了总变差（TV）。

我们通过增加每个像素点的成本将式（1.9）进一步阐述。在当前图像中，标签 $f_p = f(p)$ 由像素位置 p 处的标记函数 f 的值指定。那我们就有了

$$E_{\text{total}}(f) = \sum_{p \in \Omega} E_{\text{data}}(p, f_p) + \lambda \sum_{p \in \Omega} \sum_{q \in A(p)} E_{\text{smooth}}(f_p, f_q) \qquad (1.10)$$

式中，A 是像素位置之间的邻接关系。

在光流或立体视觉中，标签 f_p（即光流向量或视差）定义另一图像中的像素 q（即在下一图像中，或在立体对的左或右图像中）；在这种情况下，我们也可以编写 $E_{\text{data}}(p,q)$ 而不是 $E_{\text{data}}(p,f_p)$。

1.2.3.2 强度稳定假设无效性

数据成本术语是为以所考虑的像素位置为中心的窗口定义的。比较两个窗口中的数据，开始像素位置 p 周围和另一个图像中像素位置 q 周围的数据，以便理解"数据相似"。

例如，在立体匹配的情况下，右图像 R 中的 $p = (x,y)$，左图像 L 中的 $q = (x+d, y)$，视差 $d \geq 0$，并且数据在当且仅当数据成本测量时，两个 $(2k+1) \times (2k+1)$ 窗口是相同的

$$E_{\text{SSD}}(p,d) = \sum_{i=-l}^{l} \sum_{j=-k}^{k} [R(x+i, y+i) - L(x+d+i, y+j)]^2 \qquad (1.11)$$

式中，SSD 代表平方差的总和，结果为 0。

这种数据成本项的使用将基于强度恒定性假设（ICA），即对应像素位置 p 和 q 周围的强度值在指定大小的窗口内（基本上）相同。但是，ICA 对于实际录制无效。相应像素及其邻域的强度值通常受到光照变化或图像噪声的影响。当比较不同摄像机记录的图像时，还存在局部表面反射率差异、摄像机差异或者透视失真（表面点周围的局部邻域被不同地投射到不同的摄像机中）的影响。因此，与 SSD 相比，能量优化需要应用更好的数据测量，或者还基于 ICA 定义其他测量。

1.2.3.3 人口普查数据成本期限

人口普查成本函数已被确定为能够成功补偿录制视频输入图像的明亮变化（Hermann 和 Klette，2009；Hirschmüller 和 Scharstein，2009）。通过将以帧 I_1 中的像素位置 p 为中心的 $(2l+1) \times (2k+1)$ 窗口与以帧 I_2 中的像素位置 q 为中心的相同尺寸的窗口进行比较来定义均值归一化的人口普查成本函数。令 $\bar{I}_i(p)$ 是 $i=1$ 或 $i=2$ 时，p 周围窗口的平均值，那我们就有

$$E_{\text{MCEN}}(p,q) = \sum_{i=-l}^{l} \sum_{j=-k}^{k} \rho_{ij} \qquad (1.12)$$

$$\rho_{ij} = \begin{cases} 0 & I_1[p+(i,j)] < \bar{I}_1(p) \text{ 和 } I_2[p+(i,j)] < \bar{I}_2(p) \\ & \text{或 } I_1[p+(i,j)] > \bar{I}_1(p) \text{ 和 } I_2[p+(i,j)] > \bar{I}_2(p) \\ 1 & \text{其他} \end{cases}$$

注意，值 0 对应于两个比较中的一致性。如果对值 $I_1(p)$ 和 $I_2(q)$ 进行比较而不是比较均值 $\bar{I}_1(p)$ 和 $\bar{I}_2(q)$，那么我们可以将人口普查成本函数 $E_{\text{MCEN}}(p,q)$

作为数据成本项的候选项。

令 a_p 从左到右、从上到下的顺序为矢量列表结果 sgn $\{I_1[p+(i,j)]-I_1(p)\}$，相对于应用的 $(2l+1)\times(2k+1)$ 窗口，其中 sgn 是 signum 函数；b_q 列出值 sgn $\{I_2[q+(i,j)]-I_2(q)\}$。平均归一化的人口普查数据-成本 $E_{MCEN}(p,q)$ 等于矢量 a_p 和 b_q 之间的汉明距离。

1.3 视觉任务

本节简要概述了车辆中计算机视觉需要解决的一些视觉任务。

1.3.1 距离

激光测距仪越来越多地用于估计距离，主要基于飞行时间原理。假设在不久的将来，传感器阵列具有更大的密度，激光测距仪将成为经济高效的精确距离计算的标准选择。将立体视觉与激光测距仪提供的距离数据相结合是远距离计算的一种有前景的多模块方法。立体视觉是计算距离的主要方法。相应的像素在这里是由场景中相同表面点的投影到一对立体图像的左右图像中来定义的。在将记录的立体对整流成规范的立体几何体之后，一维（1D）对应搜索可以限于相同的图像行。

1.3.1.1 立体视觉

我们解决了立体图像中对应点的检测 $I=(L,R)$，这是使用双目立体视觉在车辆中进行距离计算的基本任务。

相应的像素定义了视差，其基于摄像机参数被映射到距离或深度。已经有非常精确的立体视觉匹配解决方案，但具有挑战性的输入数据（雨、雪、灰尘、光照、运行刮水器等）仍然是悬而未决的问题（深度图示例见图1.6）。

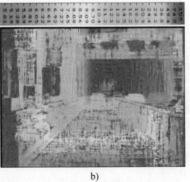

a)   b)

图1.6 a) 立体声对的图像（来自 EISATS 上可用的测试序列）。b) 使用顶部显示的颜色键为特定颜色分配距离（以 m 为单位）的深度图可视化。如果在该像素处计算的视差值具有低置信度，则像素以灰色显示。图片由西蒙·赫尔曼提供（见彩插）

1.3.1.2 双目立体视觉

摄像机标定后,我们有两个几乎相同的摄像机 C_L 和 C_R,它们完美对齐,定义了规范的立体几何。在该几何结构,沿着摄像机坐标系坐标 $X_s Y_s Z_s$ 的底部 X_s 轴平移距离 b 可以得到左侧摄像机的副本。左摄像机的投影中心位于 $(0,0,0)$,克隆的右摄像机的投影中心位于 $(b,0,0)$。3D 点 $P=(X_s, Y_s, Z_s)$ 被映射到左右图像平面中未失真的图像点

$$p_u^L = (x_u^L, y_u^L) = \left(\frac{fX_s}{Z_s}, \frac{fY_s}{Z_s}\right) \tag{1.13}$$

$$p_u^R = (x_u^R, y_u^R) = \left[\frac{f(X_s - b)}{Z_s}, \frac{fY_s}{Z_s}\right] \tag{1.14}$$

考虑到齐次坐标中的 p_u^L 和 p_u^R,我们有

$$\left[p_u^R\right]^T \cdot F \cdot p_u^L = 0 \tag{1.15}$$

式中,F 是 3×3 双焦张量,由两个摄像机的配置定义;点积 $F \cdot p_u^L$ 是右摄像机图像平面中的极线,对应于 p_u^L 的任何立体视觉点都需要在该行上。

1.3.1.3 立体视觉匹配

设 B 为基本图像,M 为匹配图像。我们在优化方法之后计算载波 Ω 的 xy 图像坐标中的对应像素 p^B 和 q^M,见式(1.10)。标记函数 f 将视差 f_p 分配给像素位置 p,其指定对应的像素 $q = p^f$。

例如,我们可以使用方程式中定义的人口普查数据成本术语 $E_{MCEN}(p, p^f)$,见式(1.12)。对于平滑成本项,可以使用 Potts 模型、线性截断成本或二次截断成本,具体请参见 Klette(2014)中的第 5 章。Klette(2014)的第 6 章还讨论了立体匹配的不同算法,包括信念传播匹配(BPM)(Sun 等,2003)和动态规划立体匹配(DPSM)。DPSM 可以仅基于使用有序或平滑约束的沿极线扫描,或者它可以基于沿着这些线的平滑约束沿着多条扫描线扫描;如果使用多条扫描线进行误差最小化,则后一种情况称为半全局匹配(SGM)(Hirschmüller,2005)。SGM 的一种变体用于戴姆勒的立体视觉系统,自 2013 年 3 月起在其梅赛德斯汽车中使用(参见本书 Uwe. Franke 撰写的第 2 章)。

迭代 SGM(iSGM)是修正基线 SGM 的一个例子;例如,沿着水平扫描线的误差最小化通常对最终结果的贡献大于沿其他扫描线的优化(Hermann 和 Klette,2012)。图 1.7 所示为置信度测量,有关置信度测量的比较讨论,请参阅 Haeusler 和 Klette(2012)。线性 BPM(linBPM)应用了 MCEN 数据成本项和线性截断平滑成本项(Khan 等,2013)。

1.3.1.4 立体视觉解决方案的性能评估

图 1.8 提供了 4 个帧序列的 iSGM 与 linBPM 的比较,每个帧序列长度为 400 帧。它说明了 iSGM 在桥接序列上表现得更好(关于使用的度量,参见以下部分的定义),桥接序列的特征在于场景中的许多结构细节,但不如其他 3 个序列上的

linBPM 好。对于黄昏和中午的序列，两种表现都是高度相关的，但对于其他两种序列则不然。当然，仅对 400 帧的少数序列进行评估不足以进行实质性的评估，但它确实说明了性能。

图 1.7　在 SGM 平滑约束和 3×9 MCEN 数据成本函数下，仅使用一条扫描线进行 DPSM 时，得到的立体数据视差图。从上到下，从左到右：从左到右的水平扫描线，从左下到右上的对角线扫描线，从上到下的垂直扫描线，从左到右的对角线扫描线。粉红色像素用于低置信度的位置（这里由非均匀的视差位置标识）。图片由 Simon Hermann 提供，输入数据由戴姆勒公司提供（见彩插）

图 1.8 是由记录的第三帧序列与根据其他两帧序列的立体匹配结果计算出的虚拟序列之间的归一化互相关（NCC）定义的。这种第三眼技术（Morales，2009）也使用遮罩，这样在第三帧中只比较接近台阶边缘的图像值（例如，在对数尺度空间中明亮像素处检测到的边缘，请参见图 1.5）。它使我们能够评估在真实世界中记录的任何校准的三目框架序列的性能。

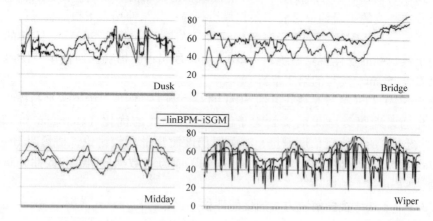

图 1.8　采用立体配准 iSGM 和 linBPM 的三眼技术对 9 组 EISATS 的 4 个真实三眼序列进行归一化互相关结果。图片由 Waqar Khan、Veronica Suaste 和 Diego Caudillo 提供（见彩插）

三维道路可视化或三维环境建模是一种应用,其中可以使用移动平台的三维重建(Xiao 等,2009),可以与多直升机等飞行平台的三维重建相结合。

在统一的世界坐标系中,对 t 时刻三维结果的映射要求极高的自运动解析精度,这是一个有待解决的问题。这一点在试图统一来自同一条街上不同跑步路线的结果时尤为明显(Zeng 和 Klette,2013)。图1.9 所示为单次运行的3D结果(奥克兰 Tamaki 校区的一个站点)。

图1.9　a)点重建云。b)基于自主车辆单次运行的重构曲面。图片由 Yi Zeng 提供

1.3.2　运动

定义在相同的载体 Ω 上的视频序列 $I(.,.,t)$,记录了两个后续帧之间的时差 δt,第 t 帧记录时间为 $t\delta t$,从记录开始算起。静态或动态的点在第 t 帧投影为像素 $p_t=(x_t,y_t)$,在第 $t+1$ 帧投影为像素 $p_{t+1}=(x_{t+1},y_{t+1})$,在 Ω 上定义了从 p_t 到 p_{t+1} 的由运动矢量 $[x_{t+1}-x_t,y_{t+1}-y_t]^T$ 表示的一对对应像素。

1.3.2.1　密集或稀疏运动分析

密集运动分析的目的是为 t 帧中"基本上"每个像素位置 $p=(x,y)$ 计算近似正确的运动向量(见图1.10)。

图1.10　使用在图像边缘显示的颜色键来为特定颜色指定方向的光流可视化;流向量的长度用饱和度表示,其中值为"白色"(即未定义的饱和度)对应的是"无运动"。a)使用原始的 Horn - Schunck 算法计算光流。b)图1.4a 所示图像的地面真值。图片由 Tobi Vaudrey 提供(见彩插)

稀疏运动分析是为了在选定的几个像素点上获得精确的运动矢量而设计的。

运动分析是一个复杂的二维对应问题，如果在未来以更高的帧率记录高分辨率图像，那么它可能会变得更容易。例如，通过光流计算的单模块解决方案来进行运动分析，或者在将图像分割与后续的图像片段运动矢量估计相结合时采用多模块解决方案。

1.3.2.2 光流

光流 $u(p,t) = [u(p,t), v(p,t)]^T$ 是密集运动分析的结果。它表示第 $I(.,.,t)$ 和第 $I(.,.,t+1)$ 帧中对应像素 $p = (x,y)$ 之间的运动向量。图 1.10 显示了光学流程图的可视化。

1.3.2.3 光流方程和图像恒常性假设

光流方程的推导（Horn 和 Schunck，1981）

$$0 = u(p,t)I_x(p,t) + v(p,t)I_y(p,t) + I_t(p,t) \tag{1.16}$$

对于 $p \in \Omega$ 和一阶导数 I_x、I_y、I_t，它们遵循 ICA，也就是说，假设相应的 3D 世界点在 t 帧和 $t+1$ 帧中用相同的强度表示。

实际上，这对于汽车上的计算机视觉来说是不正确的。由于照明伪影（例如，在树下行驶）、与太阳的角度变化或仅仅由于传感器噪声，光强度也会经常变化。然而，在求解光流问题的优化方法中，如式（1.9）所定义的最小化能量，光流方程常被用作数据成本项。

1.3.2.4 数据和平滑度代价实例

如果我们接受基于 Horn 和 Schunck（以及 ICA 的有效性）的式（1.16）作为数据约束，那么我们可以推出作为任意给定时间 t 的一个可能的数据成本项

$$E_{HS}(f) = \sum_{p \in \Omega} [u(p,t)I_x(p,t) + v_y(p,t) + I_t(p,t)]^2 \tag{1.17}$$

我们在上面介绍了零均值标准化的普查成本函数 E_{MCEN}。$E_{MCEN}(f) = \sum_{p \in \Omega} E_{MCEN}[p, p+f(p)]$ 的总和可以代替式（1.9）中定义的优化方法 $E_{HS}(p,q)$（Hermann 和 Werner，2013）。这与真实世界中记录的视频数据 ICA 的无效性相对应。

对于平滑误差项，我们可以使用

$$E_{FO\_L2}(f) = \sum_{p \in \Omega} \left[\frac{\partial u(p,t)}{\partial x}\right]^2 + \left[\frac{\partial u(p,t)}{\partial y}\right]^2 + \left[\frac{\partial v(p,t)}{\partial x}\right]^2 + \left[\frac{\partial v(p,t)}{\partial y}\right]^2 \tag{1.18}$$

这个平滑误差项适用于 L_2 意义下的一阶导数的平方惩罚。在近似 L_1 意义上应用平滑项可以减少离散值的影响（Brox 等，2004）。

术语 E_{HS} 和 E_{FO_L2} 定义了最初由 Horn 和 Schunck（1981）考虑的 TVL_2 优化问题。

1.3.2.5 光流解决方案性能评价

除了使用提供的地面真实数据（参见 EISATS 和 KITTI 以及图 1.4）之外，还

有一种方法可以在假设录制速度足够大的情况下评估录制的真实视频中计算出的流向量。为了计算帧 $I(.,.,t)$ 和 $I(.,.,t+1)$ 的计算流矢量，我们使用图像在相应像素处的值的平均值来计算图像的"half-way"，并将计算出的图像与帧 $I(.,.,t+1)$ 比较（Szeliski，1999）。由于现有摄像机记录频率的局限性，这种技术还不适合实际应用，但它适合基础研究。

1.3.3 物体检测与跟踪

一般来说，一个目标检测器是通过应用一个分类器来定义一个目标检测问题的。我们假设所做的任何决定都可以被评价为正确或错误。

1.3.3.1 目标检测方法

设 tp 和 fp 分别表示真阳性和假阳性的数量。类似地，我们定义了否定的 tn 和 fn，其中 tn 不是绩效衡量的常用条目。

精度（PR）是真阳性与所有检测结果的比率。召回率（RC）（或灵敏度）是真阳性与所有潜在可能的检测结果（也就是所有可见物体的数量之比）

$$PR = \frac{tp}{tp+fp}, RC = \frac{tp}{tp+fn} \qquad (1.19)$$

失误率（MR）是一幅图像中假阴性与所有物体的比率。每幅图像的假阳性（$FPPI$）是假阳性与图像中所有检测对象的比率

$$MR = \frac{fn}{tp+fn}, FPPI = \frac{fp}{tp+fp} \qquad (1.20)$$

在多个图像的情况下，可以使用测量的平均值（即，所有处理过的图像的平均值）进行判断。

如何判断被检测对象是否为真阳性？假设图像中的对象已经通过边界框在本地手动识别，作为真值。通过计算检测对象与真值框重叠区域的面积比率，对所有检测到的对象进行匹配

$$a_0 = \frac{A(D \cap T)}{A(D \cup T)} \qquad (1.21)$$

式中，A 是图像中某一区域的面积；D 是被检测到的目标的边界框；T 是匹配的真值框的面积。

如果 a_0 大于阈值 T（$T=0.5$），则检测到的对象为真阳性。

除了测量驾驶员方向盘运动的稳定性外，摄像机也是了解驾驶员状态的合适工具（例如，睡意检测或者眼睛注视）。

面部和眼睛检测（Viola 和 Jones，2001b）或头部姿势分析（Murphy-Chutorian 和 Trivedi，2009）是这个领域的基本任务（见图 1.11）。但在照明条件具有挑战的场景下，效果并不理想，可以参见 Rezaei 和 Klette（2012）的此类场景。

驾驶员感知可以通过将驾驶员监测结果与给定交通场景的环境分析相关联来定

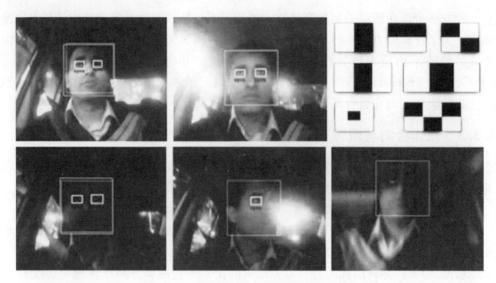

图1.11 光照条件下的人脸检测、眼睛检测和人脸跟踪结果. 在（Viola 和 Jones，2001b）中引入的典型 Haar 样特征显示在右上角。结果显示照明条件具有挑战的场景需要加强。
Mahdi Rezaei 提供

义。驾驶员不仅需要注意驾驶，眼睛注视或头部姿势（Rezaei 和 Klette，2011）也应该（在一段时间内）与发生安全相关事件的外部区域相对应。

1.3.3.2 目标跟踪

目标跟踪是了解移动平台或动态环境中其他目标运动的一项重要任务。安装系统的移动平台也被称为自主车辆，需要计算自身运动来获取安装传感器在三维世界中的运动。

后续帧 $I(.,.,t)$ 中计算出的特征可以被跟踪（例如，通过 RANSAC 识别特征点之间的仿射变换），然后用于基于最小化重投影误差的自身运动估计。这也可以与其他模块结合使用非视觉传感器数据，如 GPS 或惯性测量单元（IMU），例如，参见 Geng 等（2015）的 GPS 数据合成。

通过重复检测或跟随第 $I(.,.,t)$ 帧中被检测到的对象到第 $I(.,.,t+1)$ 帧中，可以跟踪场景中其他运动目标。一个卡尔曼滤波器（例如，线性的、一般的或无迹的）可以用来建立运动的模型以及相关的噪声。粒子滤波器也可以基于提取的权值，用于粒子空间中粒子的势移动。在 Klette（2014）中介绍了卡尔曼和粒子滤波器，并引用了相关的原始来源。

1.3.4 语义分割

在分割一个场景时，理想情况下，获得的片段应该与场景中定义的对象相对应，如房屋、人或道路场景中的汽车，这些片段定义了语义分割。车辆技术的分割以语义分割为目的（Floros 和 Leibe，2012；Ohlich 等，2012），具有沿记录的视频序列的时间一致性。外观是语义分割的一个重要概念（Mohan，2014）。超像素的概念（Liu 等，2012）可能有助于实现语义分割。时间一致性要求跟踪段和跟踪段之间的相似性计算。

1.3.4.1 环境分析

场景中存在静态（即相对于地面固定）或动态目标，需要检测、理解并可能进一步分析。

一架飞行的直升机（或只是多旋飞行器）应该能够探测到电力线或其他确定有危险的潜在物体。驾驶车辆需要检测交通标志或交通灯，或了解高速公路或郊区道路的车道边界。船只需要探测浮标和信标。

行人检测成为道路分析项目的一个常见课题。当检测到一个行人在靠近市中心道路的小路上时，这将有助于了解这个行人是否打算在接下来的几秒钟内进入道路。

在探测到越来越多的目标之后，我们就有机会对给定的环境进行建模和理解。

例 1.3 利用立体分析和光流计算

立体匹配和光流计算模块可以用来设计一个视频分割系统。例如，Hermann 等（2011）对帧 t 的图像 $L(.,.,t)$ 和 $R(.,.,t)$ 进行立体匹配，通过以下方式得到分割后的深度图：

1）去除噪声、深度值和无关深度值（例如，天空区域）的预处理。

2）被识别为地面流形的深度值不符的地面流形的估计也被移除。

3）对剩余的深度值进行分割（例如，简单区域增长）。

分割结果的形状和位置可能与立体帧 $t+1$ 的形状和位置相似。对于 t 帧得到的每一区域，该区域像素的平均光流向量定义了该段在 $t+1$ 帧中移动到新位置的期望移动。这些预期区域（帧 t 后预计进入帧 $t+1$）与帧 $t+1$ 的实际分割部分进行比较以识别相关性，例如，通过应用代表两个区域的重叠面积和总面积的比值的集合理论度量。

1.3.4.2 语义分割的性能评价

在交通流序列中，对语义分段缺乏可靠的依据。在当前的出版物中，如 Floros 和 Leibe（2012）以及 Ohlich 等（2012）所开展的关于语义分割的工作可以用于创建测试数据库。目前在可获得的在线数据方面也有进展，可以参见 www.cvlibs.net/datasets/kitti/eval_1o-ad.php、www.cityscaps-dataset.net 以及 Ros 等（2015）对此类数据的研究。

Barth 等（2010）提出了一种分割方法，该方法基于评估像素在现实世界中是否处于运动状态的概率（使用场景流和自我运动）。Barth 等（2010）也提供了用于 EISATS 的 Set 7 图像分割的真值，如图 1.12 所示。图 1.12 还显示了采用前面简要介绍的多模块方法得到的 SGM 立体地图和分割结果。

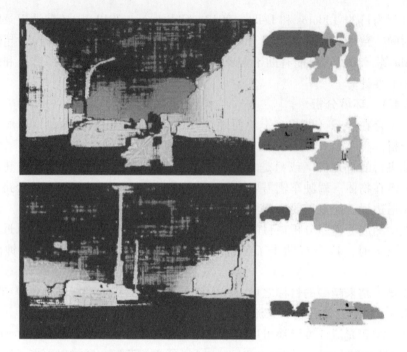

图1.12 根据所述方法(步骤1和步骤2),用预处理深度图说明了EISATS数据集Set 7的两个例子。分割的地面真值由Barth等(2010)提供,在两种情况下都显示在顶部。西蒙·赫尔曼提供(见彩插)

所涉及的立体匹配和光流计算模块的修改会影响最终的结果。程序的性能之间可能存在依赖关系。

1.4 本章小结

全球的汽车工业已经分配了主要的研发资源,为基于视觉的车辆部件提供有竞争力的解决方案。学术机构的研究需要解决未来的或基础的任务,这些挑战不是汽车工业的眼前利益,而是为了能够继续在这一领域做出贡献。

本章介绍了基本符号和特定的视觉任务,评述了车辆计算机视觉领域的工作。在这个领域有无数亟待解决的问题,这些问题通常与以下方面有关:

1)为一个通用或特定的任务添加更多的替代方案,以替代现有的几个成熟的解决方案。

2)对这些解决办法的比较评价。

3)针对特殊挑战分析基准的方法。

4)更复杂系统的设计。

5)测试这些复杂系统的方法。

在当前激烈的汽车计算机视觉领域中的工业研究和开发之前，指定和解决一个特定的任务可能是定义基础研究的一个好的策略。以鲁棒性为目标，包括具有挑战性的场景和理解多个移动对象之间的动态场景中的交互，必然是需要进一步研究的例子。

计算机视觉可以帮助解决社会或行业中的真实问题，从而有助于防止社会危害或暴行。这是该领域研究人员的基本道德义务。学者将研究中的伦理道德与剽窃、能力或客观性等问题联系起来，其中一个主要原则就是社会责任。例如，道路车辆的计算机视觉可以在减少交通事故伤亡方面发挥重要作用，全世界每年有数十万人因交通事故死亡，因此，提高道路安全是一个非常有意义的课题。

致谢

作者感谢 Simon Hermann、Mahdi Rezaei、Konstantin Schauwecker、Junli Tao 和 Garry Tee 对本章草稿的评论。

第 2 章
自 动 驾 驶

Uwe. Franke

图像理解小组，戴姆勒公司，辛德芬根，德国

在过去的 20 年中，计算机视觉研究取得了前所未有的进展。与此同时，现代 CMOS 成像仪在室外场景下的图像质量有了显著提高，可用计算能力在不到 2 年的时间里提高了 1 倍。因此，汽车的计算机视觉已经从简单的车道保持发展到强大的驾驶员辅助系统，如第 7 章所述。最具吸引力的研究目标是自动驾驶，尤其是在繁忙的城市交通中。

本章组织如下：首先，我们对自动驾驶和自动驾驶车辆的环境感知进行了概述。随后，我们专注于复杂城市交通场景的图像理解。最后，概述了正在进行的研究课题。

2.1 简介

2.1.1 梦想

自动驾驶的梦想几乎和汽车本身一样古老。早在 1925 年，Francis P. Houdina 就公开展示了他的无线遥控无人驾驶汽车"LinrricanWonder"，这辆汽车行驶在纽约市的街道上，穿行在百老汇大街和第五大道之间，穿行在车水马龙之中。几年后，在 1939 年的纽约世界博览会上，诺曼·贝尔·格迪斯（Norman Bel Geddes）设计了"未来城市"（Futurama）展览，展示了未来交通的可能模型，其中包括自动高速公路，汽车将通过感应电缆行驶，同时由基站的无线电控制。

1956—1957 年，电力公司中央电力和照明公司在许多主流报纸上刊登了一则广告，预测自动驾驶汽车的未来。他们广告中的著名图片如图 2.1 所示。他们的口号是："电力可能是驱动因素。有一天，你的汽车可能会沿着一条电动高速公路高速行驶，它的速度和转向系统由嵌在道路上的电子设备自动控制。高速公路将变得安全——通过电力！没有交通堵塞，没有碰撞，没有驾驶员疲劳。"

同样是在 20 世纪五六十年代，通用汽车公司（General Motors）展示了他们的"火鸟"（Firebirds），这是一系列试验性汽车。据描述，它们拥有"电子导航系统，

图 2.1 在过去的 60 年里，人们对自动驾驶汽车的使用和设计的看法并没有太大的改变：
a) 20 世纪 50 年代的著名广告。b) 2014 年发布的一项设计研究

可以在驾驶员放松时让汽车在自动公路上飞驰"。60 多年后的今天，梦想比以往任何时候都更加鲜活，其动机与 20 世纪 50 年代一样：

1) 安全：我们希望减少事故，因为与人类驾驶员相比，自动驾驶系统的可靠性更高，反应时间更短。考虑到全球每年造成 124 万人死亡的所有交通事故中约 95% 是人为失误造成的，这是值得付出重大努力的。

2) 舒适性：如果自动驾驶解除了驾驶员控制汽车或监督系统的责任，那他们将能够阅读和写电子邮件、上网冲浪、看视频或放松。

3) 增加道路容量：优化现有高速公路的吞吐量是可以实现的，因为车辆之间的通信允许更小的间距。这是美国自动化高速公路项目（1995—1997）的基本动机。

2.1.2 应用

高速公路上的自动驾驶可能是最受欢迎的，但迄今为止还不是交通自动化的唯一应用。最重要的是，自动停车或以代客泊车的形式吸引了很多人。后者可以减少停车所需的空间，缓解停车不足的情况，因为汽车可以让乘客下车，把车停在较不缺乏空间的地方，然后根据需要返回来接乘客。

另一个动机是消除冗余的人类旅行。人类不需要把车开到任何地方，因为机器人车可以独立行驶到任何需要它的地方，比如搭载乘客或进行维修。这对货车、出租车和汽车共享服务尤其重要。

在某些特定领域，自动驾驶汽车已经投入使用。多弗-加来隧道由 20 辆车辆通过感应电缆进行维护和救援。在澳大利亚，力拓集团在他们的（地面上的）矿井中使用 GPS 导航和引导运行自动牵引货车。自动导航车辆也在鹿特丹港使用了多年。然而，到目前为止，这些系统都没有使用计算机视觉。

2.1.3　自动驾驶等级

美国高速公路安全管理局（NHTSA）已经建立了一个由 5 个等级组成的官方分类系统。德国当局（"Bundesanstalt für Straßenwesen" BAST）区分了 4 个级别：

1）0 级（无自动驾驶）：驾驶员完全控制车辆。

2）1 级（特定功能自动化）：单车控制是自动化的，如电子稳定控制或制动辅助。

3）2 级（组合功能自动化/BAST：部分自动化）：自动化的控制函数不止一个。该驱动程序被期望在任何时间和短时间内都可以进行控制。

4）3 级（有限的自动驾驶/BAST：高度自动化）：大部分时间由车辆控制。驾驶员可以在一个舒适的过渡时间内偶尔进行控制。

5）4 级（全自动驾驶/BAST：全自动化）：从旅程的开始到结束，车辆一直处于控制状态。驾驶员在任何时候都不需要控制车辆。

2 级系统已经投入商用。例如，梅赛德斯 - 奔驰（Mercedes - Benz）为中高档车提供了"智能驾驶"概念。它结合了自动巡航控制、车道保持和自动紧急制动功能。手动识别加上有限的驱动器性能使得驾驶员需时刻准备接管控制。特别是，系统增加到转向杆的时刻是有限的，汽车无法自动通过狭窄的公路弯道，因此需要驾驶员的帮助。

从技术角度来看，迈向 3 级系统的步伐似乎很小。然而，由于驱动程序在紧急情况下不可用，因此这种模式极具挑战性。如果我们期望一个高度自动化的汽车实现和人类驾驶员相同的安全性，那么根据德国事故统计数据，高速公路上每小时发生小事故的概率应低于 10^{-5}，每小时由严重事故造成的死亡人数不应超过 10^{-7}。很明显，这需要车道识别和障碍物检测存在冗余。由于道路是为人类感知而建造的，视觉将成为传感系统的重要组成部分。

2.1.4　重要研究项目

使用视觉进行自动驾驶的研究可以追溯到 20 世纪 80 年代，当时 CMU 的车辆 Navlab 1 使用摄像头在匹兹堡校园缓慢行驶。Dickmanns 在图像序列分析中引入卡尔曼滤波是在受限硬件上实现实时性能的一个里程碑。早在 1987 年，他的 4D 方法就让他能够在德国高速公路上以高达 100km/h 的速度演示基于视觉的车道保持（Dickmanns，1988）。他的开创性工作为今天市场上几乎所有的商用车道保持系统奠定了基础。20 世纪 80 年代的先锋汽车体积巨大，因为需要大量的空间和能量来进行计算。图 2.2 所示为第一辆 Navlab 车辆和由梅赛德斯 - 奔驰和迪克曼集团运营的著名演示车辆"VITA"。

1994 年在巴黎举行的欧洲普罗米修斯项目的最后一次展会上，以视觉为基础的自动驾驶在公共公路上进行了演示，包括换道。1995 年 7 月，波默劳（CMU）

a) b)

图2.2　a) CMU 的第一辆验证车 Navlab 1。这辆客货两用车有五架计算机硬件，包括三个 Sun 工作站、视频硬件和 GPS 接收器，还有一台 Warp 超级计算机。车辆在 20 世纪 80 年代后期达到最高速度 32km/h。b) 梅赛德斯 - 奔驰与慕尼黑武装部队大学的 Dickmanns 合作制造的演示车 VITA。20 世纪 90 年代初，它配备了双焦视觉系统和一个带有 10 个处理器的小型转座机系统，在斯图加特附近的高速公路上进行自动驾驶，最高速度可达 100km/h

使用基于视觉的横向控制和基于雷达的 ACC，以 98.2% 的自动化率驾驶着 Navlab 5 汽车从华盛顿特区到圣地亚哥（No Hands Across America，1995）。同年，迪克曼的车队从德国慕尼黑出发，行驶了大约 1750km，到达丹麦的欧登塞，然后以 175km/h 的最高速度返回。在没有驾驶员手动干预的情况下，最远行驶了 158km。平均每 9km 需要人工干预一次。在 20 世纪 90 年代，作者自己在日常交通和长途旅行中"自主"行驶距离超过了 1 万 km。

所有这些方法都有两个共同点。首先，他们实现了 2 级的自动驾驶，方向盘前有一名安全驾驶员。其次，他们关注的是结构良好的高速公路场景，在这种情况下，自动驾驶任务比在复杂和混乱的城市交通中容易得多。由于更好的算法和传感器在系统和技术上的可用性不断提高，Franke 等（1995）采取了初步方法来实现在城市场景的自动驾驶。

一个值得注意和高度重要的事件是 2007 年的 DARPA 城市挑战赛，CMU 的赛车"Junior"赢得了冠军。这些团队必须在最短时间内完全自主地完成几项驾驶任务。所有六名入选者的工作都基于高端激光扫描仪和远程传感雷达。谷歌在自动驾驶领域令人印象深刻的工作是基于在城市挑战中获得的经验。因此，他们还采用高端激光扫描仪和远程雷达作为系统的主要传感平台，并辅以高分辨率的彩色摄像机进行交通信号灯识别。图 2.3 展示了 2014 年春季谷歌展示的"Junior"和一辆自动驾驶汽车的原型。这辆谷歌出租车既没有方向盘也没有踏板。

2013 年 7 月 12 日，Broggi 和他的团队在意大利帕尔马进行了一次令人印象深刻的自动驾驶试验（VisLab PROUD – Car Test，2013）。如图 2.4 所示，他们的车辆在公共交通中自动行驶。这条 13km 长的线路包括乡村公路、两条有交叉路口的

a)   b)

图 2.3　a) CMU 机器人实验室的 Junior，2007 年城市挑战赛冠军。b) 2014 年推出的一款谷歌汽车原型，既没有方向盘，也没有制动踏板。两款车的环境感知都基于高端激光扫描仪

高速公路，以及有人行横道、隧道、人工路障、环形路和红绿灯的城市地区。

2013 年 8 月，一辆奔驰 S 级轿车（见图 2.4）搭载了接近商用的立体摄像头和雷达传感器，沿着贝尔塔·奔驰 125 年前走过的 100km 长的历史路线，从曼海姆自动行驶到德国普弗尔茨海姆。这条路线包括像海德堡这样繁忙的城市和 Black Forest 狭窄的村庄。试验表明，自动驾驶不再局限于高速公路和类似结构良好的环境。

a)   b)

图 2.4　a) Broggi 的团队在帕尔马大学制造的试验车 BRAiVE。2013 年，这辆车只配备了立体摄像机，在帕尔马周围行驶了 17km。b) 奔驰 S500 智能驾驶示范车 Bertha"。2013 年 8 月，它从曼海姆（Mannheim）到普弗茨海姆（Pforzheim）自动行驶了约 100km，沿着 125 年前由贝尔塔·奔驰（Bertha Benz）驾驶的历史性路线行驶。采用接近商用的雷达传感器和摄像机实现环境感知

CMU 的一个小组还提出了更有趣的工作，该工作的目标是在接近商用车辆的情况下实现自动驾驶（Wei 等，2013）。另一个值得一提的项目是欧洲 vCharge 项目（Furgale 等，2013）。该项目的目标是开发一个智能汽车系统，允许在指定区域自动驾驶，如代客泊车、停车和乘车，并在城市环境中提供先进的驾驶员辅助系

统。其采用一个立体摄像机系统和四个鱼眼摄像机在预先生成的地图中实现车辆定位，把车停在指定的停车场，并实现避障。在快速发展的自动驾驶领域的活动的全面总结可以在维基百科中找到。

2.1.5 户外视觉挑战

尽管摄像头已经成为我们日常生活的一部分，在现代驾驶员辅助系统中也很常见，但自动驾驶的视觉仍然是一个挑战，因为许多要求必须同时满足：

1）鲁棒性：与工业检测、室内机器人和医学的大量应用相比，视觉系统必须在困难的照明条件下（低光照、夜晚、眩光）和恶劣的天气条件下（如雪、雨、雾，以及任何组合）运行。对全天候系统的追求有几个结果。首先，最吸引人的算法总是在性能和鲁棒性之间做出妥协。其次，摄像机必须安装在能够用刮水器或气流清洗的地方。因此，前向摄像头通常位于后视镜前面。在这种情况下，仪表板上的物体对风窗玻璃的反射必须通过遮阳板或偏振滤光器来避免。此外，鲁棒性要求可靠的自我诊断，可以为后续的传感器融合步骤产生有价值的置信度信息。

2）精度：由于摄像机的分辨率比雷达和激光雷达高得多，所以能最好地确定障碍物的几何形状。用于测量其他物体的距离和运动状态的立体摄像机必须保证最大的精度。由于立体基线受到设计和封装问题的限制，因此需要精确的子像素插值。不幸的是，由于成本和夜间性能的要求，摄像机的分辨率和成像仪的大小是有限的。由于摄像机暴露在强烈的温度变化和振动下，一个强大的在线校准是必要的，以保证整个生命周期的立体系统的精确校准。

3）实时性：标准的汽车摄像头每秒可提供25~40帧图像。很明显，这些图像必须在线处理。为了可靠地估计其他交通参与者的运动状态，高图像处理速率是必要的。此外，从第一次发现潜在障碍物到向后续处理阶段发出通知之间的延迟必须尽可能短，以避免浪费宝贵的时间。

4）能源消耗和价格：车辆内部不缺乏能源，然而，出于成本考虑，处理过程是在摄像机中进行的，功耗将是一个严重的问题，因为成像仪会发热并且无法冷却。如果摄像机安装在风窗玻璃后面，则阳光会进一步对系统加热。此外，总价格必须在几百美元的范围内，否则客户将不会购买该辅助驾驶系统。

2.2 城市自动驾驶

由于高速公路上的自动泊车和自动驾驶都已经进入了前期开发阶段，本章我们将重点介绍城市自动驾驶的计算机视觉。鉴于课题的复杂性，我们不涉及数学细节，而是参考被引文献。本章的主要陈述基于前面提到的"Bertha"项目中获得的经验（Ziegler等，2014），所选路线包括陆路通道、市区（如曼海姆和海德堡市中心）和23个小村庄，其中部分村庄有狭窄的街道（见图2.5）。从这个意义上说，这条路线至少对欧洲国家具有代表性。这辆名为"Bertha"的自动驾驶汽车必须处理真实交通中的红绿灯、人行横道、十字路口和环形路，必须对各种各样的物体做出反应，包括停放的汽车、前后车辆、自行车、行人和有轨电车。

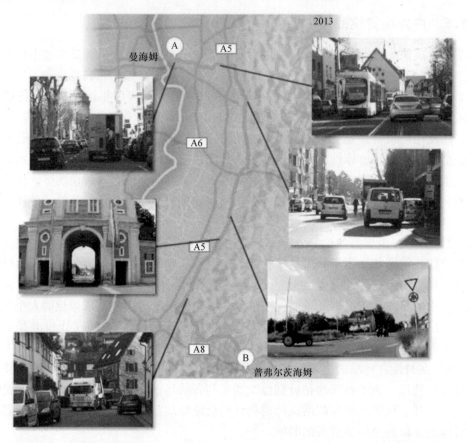

图2.5　从曼海姆到普弗尔茨海姆的Bertha Benz纪念路线（103 km）。该路线由乡村道路、市区（如海德堡市中心）和小村庄组成，包括各种不同的交通情况，如有和没有红绿灯的十字路口、环形路、有迎面而来的车辆的狭窄通道、人行横道、停在路上的汽车等

其系统架构如图2.6所示，主要传感元件如下：

1) 摄像头：前置立体摄像头系统，一个广角高清摄像头用于交通灯识别，第二个广角摄像头用于定位。

2) 雷达：四个远程雷达分别面对车辆的前方、后方以及两侧，广角短程雷达负责车辆360°视角。

3) 地图：另一个重要的信息来源是详细的数字地图。这个地图包含了车道的位置和它们之间的拓扑结构，以及定义交通规则的属性和关系（例如，通行权、相关的交通灯和限速）。使用这种数字地图的一个重要前提是在地图上进行精确的定位。Bertha 使用了两种互补的视觉算法——基于点特征的定位和基于车道标记的定位——来完成这项任务。

4）融合模块是非常重要的，因为没有一个传感器具有自主驾驶所必需的识别性能。

5）运动规划模块的目标是根据给定的传感器和地图信息，即以车辆的路径作为时间的函数，推导出最优的轨迹。该轨迹由相应的横向和纵向控制器转换为执行器指令。

6）反应层由所有标准的安全系统组成，因此在轨迹规划和控制模块中不需要考虑紧急制动。

7）准确、全面的环境感知是城市复杂交通情况下安全舒适自主驾驶的基础。视觉传感器需要回答的问题如下：

① 定位：汽车与地图的关系在哪里？

② 空闲区域分析和障碍检测：汽车会安全行驶在规划的道路上，还是会被障碍物阻挡？它们是静止的还是运动的？它们是什么尺寸的？它们如何移动？

③ 对象分类：检测到哪些类型的障碍，如行人、自行车或车辆？交通灯是绿色的吗？

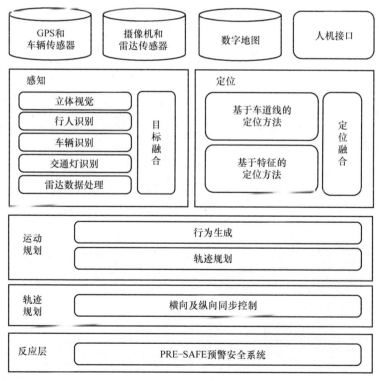

图 2.6　Bertha Benz 试验车系统架构

本节的内容组织如下：首先，我们描述了基于视觉的定位原则。然后，我们提出了一种基于立体视觉的三维图像分析。第 2.2.3 节是目标识别。每一部分都是通过对经验、遗留问题和可能的未来工作的讨论来完成的。

2.2.1 定位

相比在没有额外信息的情况下，一个详细的地图大大简化了驾驶任务。由于这种高质量的地图在商业上还无法获得，所以它们是半自动生成的。此外，数字地图亦加入了与应用系统有关的基础设施，如限速、行人通道或停车线等。与成功的城市挑战方法类似，最优的行驶路径是在离线步骤中计算出来的。在线模式下，给定一个相对于地图的精确的自我定位，只要交通情况允许，自动驾驶汽车可以很容易地沿着预先规划好的路线行驶。这个规划和决策模块必须不断分析环境感知所传递的场景内容，并在驾驶路径被阻塞或在不久的将来被其他交通参与者阻塞时，可以通过重新规划做出反应。

众所周知，在城市和乡村，GPS 的精度往往不足以达到自动驾驶所需的定位精度。因此，基于视觉的定位是必不可少的，近年来也引起了广泛的研究。

2.2.1.1 基于特征的定位

一种常用的方法是基于特征的定位，如图 2.7 所示。图 2.7a 展示了在映射过程中记录的图像序列的一帧。图 2.7b 是在进行自动驾驶测试时从后置摄像头获得的。很明显，这两幅图像是在几乎相同的位置和角度拍摄的，但拍摄时间不同。通过基于描述符的点特征关联对两幅图像进行空间配准：地图序列的显著特征

图 2.7　成功关联映射图像 a) 和在线图像 b) 的地标（见彩插）

（图 2.7 中蓝色表示的地标）与车辆后置摄像头当前图像中检测到的特征（红色）相关联。考虑到这些地标的三维位置是预先计算好的，例如，通过最小化重投影误差，就有可能计算出两个摄像机姿态之间的 6D 刚体转换，从而使相关的特征保持一致。通过将这种转换与地图图像的全局参考位姿和车辆中可用的车轮编码器和偏航率传感器的运动信息融合在一起，可以恢复准确的全局位置估计。关于这种基于特征的定位的更多细节可以在 Ziegler 等（2014）的文章中找到。

2.2.1.2 基于标记的定位

在特征丰富的环境中，如城市地区，基于特征的定位方法产生了很好的地图相关定位结果，在许多情况下可以达到厘米精度。然而，这种方法有两个主要问题：首先，在郊区和农村地区，所需的地标密度可能低于所需的可靠性水平。其次，目前还没有一种特征描述符在光照和时间方面具有鲁棒性（Valgren 和 Lilienthal，2010）。这仍然是一个公开的问题。

使用车道标记进行本地化是一种自然的选择。图 2.8 展示了 Schreiber 等（2013）提出的原理。

图 2.8　给定精确的地图（稍后显示），预期的标记（蓝色）、停止线（红色）和路沿线（黄色）被投射到当前图像上。局部对应分析产生残差，这些残差被输入卡尔曼滤波器以估计车辆相对于地图的姿态（见彩插）

我们假设可以获取一个精确的地图包含所有可见的标记、停止线和路缘石。如果将这些特征映射到图像上，就很容易估计出车辆相对于地图的姿态。在实践中，匹配可以通过采样地图上的最近邻搜索来完成，得到的残差可以用来驱动卡尔曼滤波器。在郊区，道路的边界线常常被路缘石所代替。在这种情况下，使用路缘石分类器获取测量值是有利的。例如，Enzweiler 等（2013）对这种系统进行了描述。

2.2.1.3 讨论

收集、处理、存储和不断更新精确的数字地图。所有这些步骤都可以在类似 Bertha drive 的试验中进行管理，但会给商业系统带来问题。据官方统计，德国的道路网总长度约为 65 万 km，美国为 650 万 km。

Lategahn（2013）指出，之前概述的基于特征的定位方案导致平均存储容量接近 1GB/km。这仍然忽略了上述描述符对改变光照和时间的敏感性。即使通过优化可以显著减少数据量，但为整个国家存储 3D 地图仍然是一个挑战。如果只需要映射小区域（如用于自动停车），则不存在此问题。

第二个挑战是保存最新的地图。这需要提供者在线检测更改并持续更新地图。这样的工具链并不存在，需要进一步的研究。

上述问题提出了这样一个问题：现在许多团队使用的（极其）精确的建图方法是否可以扩展到更大的区域。由于人类仅使用简单且几何精度不高的地图就能安全地找到道路，有人可能会为不那么精确的地图和不需要精确定位的更复杂的自动驾驶解决方案而争论。显然，这需要更强大的环境感知能力。例如，Zhang 等（2013）的研究表明，一个交叉口的轮廓只能通过各种视觉线索来确定。未来将揭示地图质量和图像分析工作之间的最佳折中。

2.2.2 基于立体视觉的三维感知

路径规划和行为控制需要对三维环境的精确感知和对移动交通参与者的快速检测。如前所述，许多研究项目使用或仍在使用昂贵的 Velodyne HD 64 激光扫描仪，该扫描仪可进行 64 次扫描，水平分辨率为 1/10°，频率为 10Hz。其精度在 10cm 以内，测量范围在 80m 左右。另一种更便宜的选择是立体视觉，它允许在高空间分辨率下以 25Hz 进行深度估计，并且对象运动的计算仅在几帧内完成。然而，由于立体摄像机的三角测量原理，其精度随距离呈二次递减。因此，需要一个利用高分辨率和包含在图像中的信息建立强大的视觉架构来弥补这一缺陷。

在 Bertha 实验中成功使用的立体处理流程主要包括四个步骤：密集立体重建本身，利用柱状像素对深度数据进行紧凑表示以方便进一步处理步骤，对柱状像素进行运动估计，最后进行目标分割。不同的处理步骤如图 2.9 所示。

2.2.2.1 深度估计

奔驰系列汽车现在采用的立体摄像机系统有两个 1280 像素×960 像素的高动态范围颜色成像系统，成像系统装有 53°视野的镜头和 22cm 的基线。深度信息是为 1024 像素×440 像素的场景计算的。自适应远光灯（智能前照灯控制）、交通标志识别、施工现场识别等工作都需要色彩。

由于我们决定不改变测试车辆的标准安全系统，我们可以自由地为自动驾驶任务添加和优化第二个立体摄像头系统。为了使用现有的 FPGA 硬件和成像仪获得尽可能好的立体效果，我们放弃了使用颜色，并将基线扩大到 35cm。

图2.9 现代立体加工流水线的视觉轮廓。从立体图像序列中计算出密集视差图像。红色像素表示测量距离自车（即距离≤10m）较近，绿色像素表示测量距离较远（即距离≥75m）。根据这些数据，计算柱状像素世界。这种中等水平的表示法实现了输入数据的简化，从数十万次的单一深度测量减少到只有几百个柱状像素。柱状像素随着时间的推移被跟踪，以估计其他物体的运动。箭头显示了被跟踪对象的运动矢量，提前0.5s指向目标。此信息用于提取用于后续处理任务的静态基础结构和移动对象。空闲空间以灰色显示（见彩插）

对于所提供的图像，使用半全局匹配（Semi-Global Matching，SGM）来重建密集的视差图像（Hirschmuller，2005）。之所以使用统计度量，是因为它产生的结果比相关系数等经典分数更好，特别是在不利天气条件和校准存在误差的情况下。由于其鲁棒性和效率，自2013年以来，SGM已被商用于梅赛德斯-奔驰汽车。Gehrig等（2009）展示了如何在高效节能、廉价的FPGA硬件上运行这种强大的方案，允许实时计算高质量的稠密深度图。

如第1章所述，SGM优于所有已知的局部视差估计方案。现有的米德尔伯里（Middlebury）数据集立体算法排名可以参考Scharstein和Szeliski（2002）。2012年发布的KITTI数据集包含来自真实交通场景的数据，并引发了针对这个特定领域的视差估计的新研究（Geiger等，2012）。

DAS需要较大的测量范围和较高的测量精度，因此子像素估计是必不可少的。对于使用的统计度量，所谓的等角拟合已被证明是优于经典多项式拟合。不幸的是，可达到的精度受到其整数偏差优先的限制（Shimizu和Okutomi，2001）。这种"像素锁定效应"在全局立体方法中会导致高达0.3像素的偏差。虽然已经提出了解决办法，但这个问题还没有得到解决。由于子像素精度在目前的立体基准中没有要求，因此学术界对这一问题的关注很少。

如前面第2.1节所述，精确的深度估计需要精细的摄像机校准。在实践中，在线校准是必不可少的。内部参数的变化可以忽略，外部参数需要不断地估计。例如，在水平结构区域，未修正的 0.2 像素俯仰误差只会导致完全错误的估计。如果两辆接近的车辆的相对速度是由随后的视差测量确定的，那么斜视角误差就非常重要，特别是当物体距离仅等于几个视差时。在以城市速度行驶时，仅 1 像素的校准误差就足以观察到以 130km/h 的速度驶近的货车。因此，需要特别注意对斜视角的在线估计。当从其他传感器（例如，由主动传感器跟踪的引导车辆）获取深度的对象用于此任务时，可获得最佳结果。

2.2.2.2 柱状像素世界

为了处理大量的数据（FPGA 以 25Hz 的速度在 3D 中传输大约 400000 个点）并减少后续视觉任务的计算负担（Badino 等，2009），引入了柱状像素表示。与现代的超像素相关，所谓的柱状像素世界是一个多功能的、极其紧凑的 3D 中等水平的表现。如图 2.9 所示，完整的三维信息在世界上仅用几百根具有一定宽度、高度和位置的小矩形木棍来表示。图像中没有被柱状像素覆盖的所有区域都被隐式地理解为自由区域，因此，在与路线地图的交点处，都是潜在的可行驶空间。

柱状像素近似利用了这样一个事实，即城市和所有人造环境一样，都是由水平或垂直的二维平面控制的。水平表面通常与地面相对应，从图像底部到地平线呈线性递减的视差。垂直部分与对象相关，如坚实的基础设施、行人或汽车，并显示（几乎）恒定的差异。在超像素的意义上，每个柱状像素近似于一个垂直方向的对象的某个部分及其距离和高度。

Pfeiffer 和 Franke（2011）提出了一种计算全局优化方案中立体图像对的柱状像素世界的概率方法。他们将柱状像素提取问题作为经典的最大后验（MAP）估计问题，这种方法确保了对当前的立体视差输入获得最佳分割结果。

因此，它允许支持一组自然逼近的世界假设的分割，如：

1）贝叶斯信息准则：每一柱状物捕获的对象数量很少。应该避免不必要的削减。

2）重力约束：不太可能有飞行物体。与地面相邻的物体段通常位于地面上。

3）排序约束：两个相邻对象段的上半部分具有更大的深度。如果有足够的输入数据支持，则以其他方式重构（如交通灯、标志或树）仍然是可能的。

动态规划可用于实时推断最优解（Bellman，1957）。

2.2.2.3 柱状像素跟踪

在静态世界中，柱状像素表示足以计算安全轨迹。在真实的交通中，需要检测移动的物体，并确定其运动状态。

图像的一个独特之处在于，具有足够对比度的像素可以很容易地从一帧跟踪到另一帧。如果摄像机是静态的，则可以在光流场中直接检测到运动物体。然而，如果观察者也在移动，事情就更复杂了，因为表面的流动取决于观察者的移动以及被考虑的像素的深度。实际上，运动和深度都是未知的。特别是在较大的距离下，当视差的不确定性不能被忽略时，单纯的运动估计将产生不可靠的、高噪声的结果。

如 Franke 等（2005）所述，通过深度和光流测量的最佳融合可以获得更好的结果。在他们的方案中，像素随着时间的推移被跟踪，图像位置以及每一步的差异都被测量。假设被跟踪特征的运动是恒定的，并且观察者的运动是已知的，那么卡尔曼滤波器利用被测量的像素位置和差异，以及测量的协方差来同时估计每个被跟踪特征的三维位置和三维运动。因此，这种方法被称为"6D 视觉"。图 2.10a 显示了将该算法应用于一个转弯骑自行车者图片序列的结果。箭头指向 0.5s 的预期位置。

观察者的运动是一种附带结果。当确定了数千个点的完整运动时，直接选择好的静态特征，并按照 Badino（2004）的方法将这些特征用于自身运动计算。

"6D 视觉"原理也可以应用于柱状像素，以精确地估计它们的运动状态。考虑到感兴趣的目标在地面移动，估计的状态向量可以被简化为 4D，它表示柱状像素的位置和速度。图 2.10b 说明了自行车场景的动态柱状像素结果。作为这种简化的附带结果，估计对自我运动估计的需求更少。在实际中，车辆的惯性传感器足以补偿其自身的运动状态。由于时间积分，虽然估计是独立完成的，但运动矢量是高度并行的。

a)
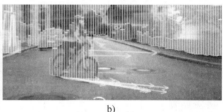
b)

图 2.10　一个骑单车的人在我们的车前左转弯：a）显示使用 6D 视觉特征的结果。b）显示相应的柱状像素结果（见彩插）

2.2.2.4　柱状像素分类

到目前为止，柱状像素是局部三维环境的紧凑表示，但是它们没有提供关于哪些柱状像素属于一类，哪些不属于一类的任何明确信息。这是在处理过程的最后一步实现的，那时被跟踪的柱状像素被分组到"右侧""左侧""同向""对向"以及"静态背景"类别。Erbs 和 Franke（2012）发表的方案结果如图 2.9 所示，其展示了所考虑场景的运动分割结果。进一步的结果如图 2.11 所示。

作者也将此任务视为地图估计问题。考虑到动态柱状像素世界，目标是使用前面提到的一个运动类来标记每个柱状像素，这取决于哪个类最符合当前本地 3D 环境的先验知识。

除了假设运动是刚性的，并努力实现分割的空间平滑性外，他们还使用从带注释的训练数据中获得的统计数据来表示场景中可能出现的运动类型。为此，Erbs 和 Franke（2012）使用条件马尔可夫随机场对该问题进行建模，从而考虑直接邻

图 2.11 基于卡尔曼滤波的运动估计以及运动分割步骤的柱状像素计算结果。左侧显示了柱状像素基点上的箭头，表示估计的运动状态。右侧为通过图像分割优化得到的相应标记结果。此外，颜色方案按照不同的类编码（右侧，左侧，同向，对向）。未着色区域被划分为静态背景（见彩插）

居关系（Boykov 等，1999）。最好的标签是使用流行的 α – expansion 图像分割（Kolmogorov 和 Rother，2007）。由于图像仅由数百个柱状像素表示，因此在单个 I7 核上计算最优解只需不到 1ms 的时间。

每个结果集由其几何形式和加权平均运动矢量表示。如果该物体被归类为车辆（见第 3 章），则应用一种利用车辆运动学约束的特殊跟踪器。Barth 等（2009）提出的车辆跟踪器应用在自行车模型，因此可以观察包括对向车辆的偏航率在内的完整运动状态，这对于十字路口的意图识别非常重要。

2.2.2.5 讨论

视觉架构在 Bertha 项目中进行了系统优化，并证明了在日常交通中的可靠性。从像素到目标的每一步都是基于局部优化的，以达到最佳的性能和鲁棒性。特别地，实时 SGM 被用来从校正的图像计算稠密的立体深度地图。柱状像素世界也是以局部优化的方式从立体视觉计算的，只是忽略了柱状像素列的横向依赖性，以实现实时性。运动估计是基于 6D 视觉原理，考虑了被跟踪柱状像素的短暂历史数据。最后，利用基于图分割的优化方法，对动态场景进行了最优分割。

全局优化已经成为高性能视觉算法的关键，因为它迫使我们清楚地定义我们对"最佳"解决方案的期望。如果我们对优化结果不满意，则必须重新规划目标函数。

视差估计就是一个很好的例子。SGM 对一个像素的视差变化处以较小的惩罚，对较大的变化处以较高的惩罚。这种正则化会产生一个鲁棒的方案，但是可以做得更好。目前用于道路场景的最佳算法（根据 KITTI 数据集）假设世界是由具有恒定的法线和边界条件的小平面组成的（Yamaguchi 等，2014）。这种正则化要强大得多，并能带来明显更好的结果。不幸的是，这些算法在计算上资源消耗较大，而且（目前还）不适合实时应用。

或者，可以搜索更强的数据，这意味着我们在优化中包含了更多的信息。例如，Sanberg 等（2014）使用颜色来改进柱状像素估计。通过颜色来改进视差估计的尝试，在与额外的计算量进行对比时证明是无用的。相反，当颜色恒常性没有完全实现时，使用颜色信息会导致更糟糕的结果 Bleyer 和 Chambon，2010）。

另一个被成功使用的线索是运动，因为我们期望世界由有限数量的运动物体组成。早期场景流估计方案，将局部平滑的三维流场提供嘈杂的结果与 6D 视觉相比（Rabe 等，2010），同时生成一个超像素表示方法，在每个部分都有一个恒定的曲面法线和 3D 运动矢量。这个方案实现了良好的结果，却仍无法应用商业（Vogel 等，2013）。

然而，后一种方案清楚地指明了我们未来的方向。它考虑了时空信息优化，具有很强的正则性。此外，它还可以联合进行视差估计和超像素计算。由于这两个主要模块之间不再存在接口，因此不存在相关信息被视差估计模块所抑制的风险，该模块通常每像素只生成一个视差估计。

未来的视觉系统也将受益于更好的成像仪。在过去，从 8 位图像到 12 位图像增加的动力显著提高了性能。其次，更高的分辨率将有助于突破立体视觉的限制，并允许在更远的距离检测对象，因为它同时增加了深度灵敏度和观察对象的大小。然而，这并不是免费的。

首先，视差估计的计算量增加。其次，更重要的是，由于成本原因，如果成像仪的尺寸保持不变，那么传感器灵敏度将会下降。这会导致更多的噪声，更强的运动模糊，并降低了夜间性能。此外，某一因素的改进不一定会导致同一因素测量范围的增加。其原因是，人们必须决定具有噪声深度的点是更可能属于地面还是停留在地面上的障碍物。常用的平面世界假设在较大的距离下不成立，从车辆前放深度数据估计的倾斜角的误差随距离线性增加。利用深度数据来估计三维高程的尝试是存在的，但在较大的距离下会产生较大的深度噪声，而眩光和反射使得在较大距离下稳定的立体真实联系越来越困难。

上述讨论揭示了提高立体分析性能的方法。实践成功将取决于它们对恶劣天气和照明条件的鲁棒性，以及它们的成本/性能关系。只要 FPGA 是以低功耗获得高计算能力的唯一途径，非迭代算法将是首选的解决方案。

2.2.3 目标识别

不可否认，行人和骑自行车的人是最危险的交通参与者。此外，其他车辆以及红绿灯也与自动驾驶汽车相关。因此，必须快速、可靠地识别这些对象。与激光和雷达等主动传感器相比，视觉的一个独特优势是，除了提供3D形状信息外，它还提供高分辨率图像，便于基于外观的目标识别和图像理解。

这种基于视觉的实时目标检测系统由两个主要模块组成：感兴趣区域（ROI）生成和目标分类。跟踪有助于降低假阳性率，提高单帧分类器的检测率。接下来，我们将讨论利用视差估计所提供的深度信息进行目标识别的有效方法，主要分为近距离（距离车辆40m）和远距离。

2.2.3.1 ROI生成

当然，对当前环境了解得越多，在提取感兴趣的目标上花费的精力就越少。

对于单目视觉方法，除了一个粗略的平面道路假设的三维环境外，没有预先的提示可以利用。因此，需要测试图像中的大量假设，覆盖所有可能的对象具有的尺度。为了获得合理的结果，每幅图像需要测试大约50000个假设。

如果深度数据是可用的，它可以很容易地提前挑选出不太可能的假设，例如，通过考虑深度和尺度的相关性，如Keller等（2011）所建议的。这种策略允许将设置的假设减少一个数量级，以便对大约5000个剩余的假设进行分类（见图2.12）。

由于柱状像素本质上是对场景中什么地方、什么距离、被期望的什么尺度的物体编码，所以直接使用这个先验知识来进行假设的生成步骤是很明确的。Enzweiler等人（2012）证明，可以进一步将所需的假设数量减少一个量级，最终得到的假设总数仅为500个左右。它还可以将错误警报的数量减少近一个数量级，同时检测率保持不变。这一过程的可能性也一直是Benenson等（2011）工作的重点。

图2.12 覆盖在灰度图像上的ROI。在单目视觉的情况下a），分类器需要测试大约50000个假设，而在立体视觉的情况下b），这个数字减少到约5000个。如果假设每个柱状像素都是车辆在柱状像素世界给出的距离上的中心c），则只需检查500个ROI d）（见彩插）

2.2.3.2 行人分类

近距离的分类将在行人识别的基础上进行解释。利用强大的多线索行人分类器对前一阶段的感兴趣区域进行分类。在 Enzweiler 和 Gavrila（2011）的启发下，混合专家方案在不同的图像特征和模式上运作是有效的。特别是，他们建议将基于梯度的特征［如面向梯度的直方图（HoG）］与基于纹理的特征［如局部二进制模式（LBP）或局部接受域（LRF）］相结合（Dalal 和 Triggs，2005；Wohler 和 Anlauf，1999）。此外，所有特征都在灰度级强度和密集视差图像上操作，充分利用两种模式的正交特性，如图 2.13 所示。分类是使用线性支持向量机完成的。通过对单个检测应用基于均值漂移的非最大抑制，将多个位置和尺度相似的分类器结果融合到单个检测中。对于分类器训练，戴姆勒多线索行人分类基准已经公开（Enzweiler 等，2010）。

由图 2.14 所示的 ROC 曲线可知，增加深度提示可使假阳性率降低 5 倍，或使检测率提高 10%。

什么是最佳操作点？分类器能识别多少行人？有趣的是，这些问题的答案取决于你是想要实现驾驶员辅助系统还是自动驾驶汽车。对于一个自动紧急制动系统，你可能会选择一个工作点在 ROC 曲线的最左边，这样你的系统几乎不会出现错误的反应，但仍然有可能挽救许多人的生命。对于自动驾驶汽车，你必须确保它永远不会撞到它能探测到的人，因此你必须接受更多的假阳性，以达到最高的检出率。希望融合模块和行为控制能够解决许多误报检测的问题。

图 2.13　行人（上）和非行人（下）样本对应梯度幅值的强度和深度图像。请注意每种模态的独特特征，例如，与同一区域内相当均匀的差异相比，灰度图像中由于服装而产生了高对比度行人纹理。进一步的深度研究可以显著降低假阳性率。在 Enzweiler 等（2010）的研究中，检测效果提高了 5 倍（见彩插）

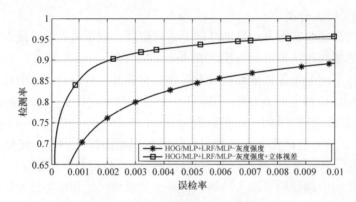

图 2.14 ROC 曲线显示了仅使用强度的行人分类器与额外使用深度的分类器的性能。深度信息将假阳性率降低了 5 倍

该系统具有高效、功能强大的特点。然而，由于使用的立体视觉系统视野有限，行人在十字路口转弯时很难被识别。我们使用安装在交通灯识别系统上的广角摄像头来检查在这些情况下的行人。在这些情况下，关闭红绿灯识别并执行无约束行人搜索过程。

2.2.3.3 车辆检测

基于视觉的近距离车辆检测，可以使用与前面概述的行人识别类似的系统概念，包括基于柱状像素的 ROI 生成。然而，靠近车辆的相对速度很高，因此车辆检测模块的工作范围要比行人识别模块大得多。在城市中进行自动驾驶时，需要检测和跟踪距离超过 120m（相当于在城市交通中提前 4s）的迎面而来的车辆（见图 2.15）。对于高速公路应用，目标是 200m 的距离，以补充主动传感器的整个测量范围。

图 2.15 城市场景中全范围（0~200m）的车辆检测和跟踪示例
（绿色线条表示检测器置信水平）（见彩插）

基于立体视觉的 ROI 生成不能应用于远距离，因此必须用一种快速单目车辆检测器代替，即 Viola – Jones 级联检测器（Viola 和 Jones, 2001）。由于其主要目

的是为前面描述的强分类器创建感兴趣的区域,因此可以接受 Viola – Jones 级联框架的检测性能低于现有水平,并利用其无与伦比的速度。

被检测车辆在全距离范围内的精确距离和速度估计对立体匹配的精度和摄像机标定提出了极高的要求。为了获得最佳的视差估计,可以对检测到的对象进行额外仔细的相关性分析。Pinggera 等(2013)的研究表明,基于 EM 的多线索分割框架能够给出 0.1 像素的子像素精度,并允许对前方 200m 的车辆进行精确跟踪。

2.2.3.4 交通信号灯识别

常见的立体视觉系统具有 40°~60°的视角范围。然而,在欧洲交通灯前停车时,需要高达 120°的视野范围去看到车前方相关的交通灯信号。与此同时,要想对乡村道路上的红色交通信号灯做出舒适反应,就需要高分辨率的图像。例如,在以 70km/h 的速度接近交通灯时,车辆应在约 80m 的距离做出反应,这意味着在约 100m 的距离进行第一次探测。在这种情况下,给定一个 20 像素/°的分辨率,红绿灯光亮的部分大约是 2 像素 × 2 像素,这是分类的绝对最小尺度。出于实际的原因,4 百万像素的彩色成像仪和水平视角约为 90°的镜头被选择作为性能和计算负担之间的折中。

交通信号灯识别包括三个主要任务:检测、分类和在复杂的十字路口选择相关的信号灯。如果将交通灯的三维位置存储在地图中,就可以很容易地确定感兴趣的区域,从而指导搜索。虽然传感器传递的颜色信息在这一步有帮助,但这不足以可靠地解决问题。

利用神经网络分类器对感兴趣的检测区域进行裁剪和分类。每一个分类的红绿灯都会随着时间的推移而被追踪,以提高解释的可靠性(Lindner 等,2004)。

在实践中,分类任务比预期的要复杂得多。从曼海姆到普弗尔茨海姆的 155 个交通信号灯中,大约有 1/3 很难辨认。图 2.16 展示了一些示例。特别是红灯,因为它们的亮度很低,所以非常具有挑战性。造成这种糟糕的可见度的一个原因是灯光强烈的方向性。

图 2.16 难以识别交通灯的例子,这些示例甚至不代表最糟糕的可见性条件

在较远的地方，道路上的灯光是清晰可见的，而当靠近它们时，就变得不可见了。即使是右边的灯，在靠近的时候也应该集中注意力，在遇到红灯直接停车的情况下也会变得几乎看不见。在这种情况下，通过交通灯变化监控红绿切换比分类更有效。

2.2.3.5 讨论

识别具有良好几何特性的物体（如行人或车辆）是一个广泛研究的课题（Dollar 等，2012；Geronimo 等，2010；Sivaraman 和 Trivedi，2013）。由于大多数方法都依赖于基于学习的方法，所以系统性能主要由两个方面决定：训练数据集和使用的特性集。

关于训练数据，一个明显的结论是，效果与可用数据的数量成比例。类似的有益效果来自于向训练集添加灰度级图像以外的模式，例如，来自稠密的立体图像的深度或运动信息和稠密的光流（Enzweiler 和 Gavrila，2011；Walk 等，2010）。

对于相同的训练数据，识别质量在很大程度上取决于所使用的特征集。几年来，出现了一种趋势，即从非自适应特征（如 Haar 微波或 HoG）稳步转向能够适应数据的学习特征。这种转换不仅在大多数情况下可以获得更好的识别性能，而且能够派生出通用模型，这些模型没有（手工）调整到特定的对象类，但是可以用单个共享特性集表示多个对象类，这种转换也是必要的。

在这方面，深度卷积神经网络（CNN）是一个非常有前途的研究方向。CNN 与涉及数千个不同对象类的庞大数据集和大量计算能力的结合，展示了出色的多类识别性能（Krizhevsky 等，2012）。然而，要充分了解这些复杂的神经网络模型的各个方面并充分发挥其潜力，还需要进行更多的研究。

大多数目标识别方法仍然存在的一个问题是，从几何角度来看，它们非常受限制。对象通常使用一个恒定长宽比的轴向包围框来描述。例如，在滑动窗口检测器中，场景内容被精确地表示为一组单独检测到的对象。然而，将其推广到部分遮挡情况、多目标或几何定义不佳的类（如道路表面或建筑物）是困难的。这种泛化是一个必要的步骤，从孤立地检测对象到获得对整个场景的独立理解。这个问题的可能解决方案通常涉及几何约束的减少和总体上较少的以对象为中心的表示，这将在下一节中概述。

2.3 挑战

Bertha 的视觉系统在 6500km 的自动驾驶中进行了集中的离线测试，获得的经验使我们加强了对 3 个主题的研究，即鲁棒性、语义分割和意图识别，特别是行人的意图。

2.3.1 增加鲁棒性

在室外场景中，如果有充足的光线和良好的天气条件，那么构建的视觉系统将提供较好的结果。不幸的是，他们仍然遭受恶劣的天气条件。同样，在光线不足的情况下，结果也会变差。

如前所述，如果在优化过程中包含更多的信息，则可以提高鲁棒性。以视差估计任务为例，当刮水器挡住视线时（见图2.17），立体视觉算法无法正确测量视差。然而，从整个图像序列而不是当前的立体图像对来看，我们可以使用之前的立体重建和自我运动信息作为当前立体图像对的先验信息（Gehrig等，2014）。这种立体方法接近更加稳定和正确的视差地图获得结果。图2.17b展示了改进。由于时间信息只是改变了SGM算法的数据项，因此计算复杂度并没有增加太多。

图2.17 两帧连续的立体图像序列a）。从单个图像对得到的视差结果显示在右边的第二列。由于刮水器遮挡了图像的某些部分，造成了较强的视差误差。从时序立体视觉得到的结果在视觉上没有误差b）（Gehrig等，2014）（见彩插）

类似地，更多的先验信息也可以通过驾驶员辅助场景中典型的视差分布的精确统计离线生成。当使用弱先验这样的简单信息时，在雨天条件下，已经可以将假阳性柱状像素（"幻影对象"）的数量减少2倍以上，同时保持检测率（Gehrig等，2014）。

增强鲁棒性的另一个选择是置信度信息。大多数密集立体算法对每个像素进行视差估计。显然，这种估计的置信度可能因像素而异。如果有一个适当的置信度，它反映了一个度量被认为是正确的可能性有多大，那么可以在后续的处理步骤中利用这个信息。在柱状像素分割任务中使用置信信息时，假阳性率可以降低6倍，同时保持几乎相同的检出率（Pfeiffer等，2013）。

2.3.2 语义分割

自动驾驶的一个核心挑战是捕捉周围环境的相关方面，更重要的是，可靠地预测在不久的将来会发生什么。为了更详细地了解环境，需要区分大量不同的目标类别。感兴趣的对象包括交通参与者，如行人、骑自行车的人和车辆，以及静态基础设施的一部分，如建筑物、树、信标、栅栏、杆子等。

正如在讨论中已经提到的，传统的基于滑动窗口的检测器不容易扩展到许多不同大小和形状的类，这就要求使用新颖的通用方法，即使对大量的类也可以进行快速分类。

解决这个问题的一种方法是语义分割，其中的任务是为图像中的每个像素分配一个类标记。超级像素的使用推动了这一领域的最新进展。目前有几种得分最高的方法对区域建议进行编码和分类，这些建议区域来自自下向上的分割，而不是图像中每个像素周围的小矩形窗口（Russell 等，2006）。

此外，就集成系统架构而言，"明智的"做法是提供一个通用的中等层次的纹理信息表示，它在所有相关的类之间共享，以避免计算开销。一种合适的方法是特征包方法，该方法为图像中的每个像素密集地提取局部特征描述符。每个描述符随后通过矢量量化的方法被映射到一个以前学习过的特征，从而产生一组有限的典型纹理模式。为了在图像中对任意区域进行编码，需要建立包含代表的直方图，最后对其进行分类，得到该区域的目标类别。

任何超像素方法都可以提供所需的建议区域，而最近的研究表明，柱状像素表示非常适合作为户外交通高效语义分割的基础（Scharwachter 等，2013）。通过对具有相似深度的邻近柱状像素进行分组，可以快速生成建议区域。

立体信息不仅有助于提供良好的建议区域，而且可以用来改进分类。除了具有代表性的纹理模式外，典型深度模式的分布还可以作为产生深度包特征的额外信息通道。

图2.18 展示了一个语义分割流程，以及相应的立体匹配结果和柱状像素表示。基于柱状像素的候选区域分为五类：地面、车辆、行人、建筑和天空。对检测到的类标签进行颜色编码。这个例子没有利用颜色信息。但是，如果对"树""草"或"水"的类别感兴趣，那么颜色就会扮演重要的角色，可以很容易地添加到分类链中。

图2.18 语义分割流程：输入图像 a)，SGM 立体效果 b)，语义分割结果 c)，柱状像素表示 d)

2.3.3 意图识别

基于视频的行人检测在过去十年中取得了显著进展,最近市场上出现了主动行人系统,可以在危险的交通情况下自动制动。然而,目前车辆使用的系统在预警和控制策略上比较保守,强调当前行人的状态(即位置和运动)而不是预测,以避免错误的激活系统。在自动驾驶方面,警告是不够的,紧急制动仍然是最后的选择。未来的情况评估需要准确预测行人的路径,例如,当行人在车辆前面通过时,要降低车速。

行人路径预测是一个具有挑战性的问题,因为他们的运动具有高度动态性。行人可在瞬间改变行走方向或突然开始/停止行走。到目前为止,提出的系统只对行人动态的变化做出反应,然而人类可以在行人行为发生变化之前预测其变化(Keller 和 Gavrila, 2014)。正如 Schmidt 和 Farber(2009)所示,人类的预测依赖于比行人动态更多的信息。因此,人类能够区分行人是否意识到正在靠近的车辆,并利用这些额外的信息。因此,人类能够预测,一个意识到车辆的行人可能不会继续沿着碰撞路线行驶,而是会停下来或改变行走速度。一个仅依赖于先前观察信息的动态系统将预测行人会继续行走,直到观察到其他情况。

未来的行人路径预测系统将需要在行为发生之前预测其变化,从而像人类一样使用环境信息。例如,行人在接近路缘时的动作是决定性的。Flohr 等(2014)已经进行了这个方向上的工作,他们额外估计了行人头部和身体与移动的车辆的方位。图 2.19 显示,目前市面上使用的成像仪的分辨率足以确定行人的姿势。进一步的工作需要集中在将态势感知(和其他上下文信息)集成到行人路径预测中。

图 2.19 行人是否将要通过?行人的头和身体的方向可以通过移动车辆的车载摄像机估计出来。90°表示向左移动(身体),0°表示向摄像机移动(头部)

2.4 本章小结

第一辆自动驾驶汽车什么时候才能上市?它能自动泊车或在高速公路上自动驾驶吗?

如果你想要一个 2 级系统,那么你可以在市场上找到它们。如果你想到一个真正的 3 级系统,让你暂时忘记高速公路上的驾驶任务,那么现在还没有答案。但至少有 3 个大问题:我们能保证车辆能安全应对每一个意外情况吗?如果我们必须保证每小时的错误率低于 10^{-7}，那我们如何证明整个系统的可靠性？我们能否以人们愿意支付的合理价格，实现这样一个系统，包括高度复杂的传感器和超级可靠的故障安全硬件？

如果我们目前不能正面回答所有这些问题，那我们可以考虑其他的策略。如果速度是关键问题，那么交通拥堵驾驶的自动化可能是走出困境的一条出路。较低的速度限制了严重危险的风险，并且可能需要较少的传感器冗余，这样系统就可以以较低的价格提供。

然而，我不怀疑在可预见的未来，自动驾驶将成为我们生活的一部分。人们要求这种可能性，因为他们想把他们在车里的时间用于商务和娱乐。官方要求采用这种模式，因为他们希望减少事故。"维也纳道路交通公约"（Vienna Convention on Road Traffic）等国际法规最近进行了修改，自动驾驶已被允许。

虽然美国国防部高级研究计划局（DARPA）的城市挑战赛由激光扫描仪和雷达主导，但最近的研究表明，计算机视觉已经成熟，成为场景理解中不可或缺的一部分。没有其他传感器可以用来回答复杂的城市交通中出现的大量问题。现代立体视觉实时提供精确、完整、高空间分辨率的三维数据。像柱状像素这样的超级像素允许高效的全局最优场景理解。由于机器学习的进步以及 FPGA 和图形处理单元计算能力的提高，相关目标可以快速、可靠地检测出来。

然而，仍有一些重要方面需要进一步研究：

1）精确的定位和特征地图对于自动驾驶是否真的有必要是值得怀疑的。如果一张标准的地图足以规划路线并从观察到的场景中提取所有其他信息，那将是有益的。Zhang 等（2013）最近的工作提出了实现这一目标的希望。

2）在城市交通中，相关物体往往被其他物体或交通参与者部分遮挡。使用上下文信息可能有助于提高性能，并更接近人类卓越的视觉。

3）普通立体视觉系统的视场只适用于高速公路行驶。在城市里，我们需要多摄像头系统或高分辨率的自动兼容成像仪。由于消费类电子产品的不断进步，必要的计算能力将变得可用。

4）自动驾驶汽车必须能够在任何可能造成严重伤害的障碍物前停车。由于这一要求限制了它的最大速度，因此需要及早发现路上的小物体。

在过去的几年中，深度卷积神经网络（Deep Convolutional Neural Network，DCNN）在分类基准测试中取得了令人印象深刻的结果（Krizhevsky 等，2012）。最近，Szegedy 等（2013）提出了一种新的方法，不仅可以对图像中不同类别的对象进行分类，还可以对目标进行精确定位。未来将揭示这些利用现有的大数据技术是否会导致自动驾驶汽车的计算机视觉革命。

还记得吗，就在 25 年前，研究人员开始在汽车上安装摄像头和大型计算机系统。在此期间，他们谁也没有预料到已经取得的进展。这让人们乐观地认为，在未来，图像理解将越来越接近人类的视觉感知，使自动驾驶不仅可以在结构简单的高速公路上进行,还可以在复杂的城市环境中进行。

致谢

作者感谢 Markus Enzweiler、Stefan Gehrig、HenningLategahn、CarstenKnoppel、David Pfeiffer 和 Markus Schreiber 对本章的支持。

第 3 章
微型飞行器的计算机视觉

Friedrich Fraundorfer
奥地利格拉茨科技大学计算机图形与视觉研究所

3.1 简介

本章讨论了计算机视觉在微型飞行器（MAV）控制方面的最新进展。MAV 通常表示如多旋翼直升机一类的小型无人机，例如四旋翼直升机。图 3.1 所示为配备数码摄像机进行控制和三维建图的 MAV。

图 3.1 装有数码摄像机的用于控制和环境建图的微型飞行器（MAV）。所描述的 MAV 是在 SFLY 项目中开发的（Scaramuzza 等，2014）

MAV 有很大的潜力用于各种应用，例如，搜索和救援场景、监视、工业检查、配送服务等。MAV 可以携带多种传感器，不过有严格的重量限制。几乎所有类型的 MAV 都能携带数码摄像机，这使得它们有可能拍摄空中图像，或者，一般来说，从无法到达的有利位置拍摄图像。这种功能已经支持了大量的应用。然而，驾驶 MAV 需要大量的训练，需要飞行员的持续关注。它还要求 MAV 在视线范围内工作。这些限制可以通过一个自动驾驶系统来克服，其主要任务是保持 MAV 在一个点上悬停。在室外环境中，这可以通过 GPS 来实现；然而，MAV 在室内操作不能依赖 GPS，需要为自动驾驶系统更换传感器。最近，机载摄像机已成功应用于这样的自动驾驶系统。计算机视觉算法从摄像机图像中计算出微型飞行器的自我运动，在大多数情况下，这些测量值与惯性测量单元的测量值融合在一起，用于控制回路使微型飞行器悬停。为了取得这些成果，必须克服一些严重的挑战：

1）图像处理的机载处理能力有限。
2）对于控制来说，高帧率是必要的。
3）高可靠性。
4）单一摄像机的自我运动估计无法测量度量尺度。

一个主要的观点是，融合惯性测量单元（IMU）和基于摄像机的测量允许鲁棒和有效的自我运动估计算法。

除了自我运动估计，摄像机图像也可以用于环境感知和解释。从摄像机图像中，可以计算出环境的 3D 地图，用于自主导航和探索。能够在 3D 中绘制环境地图实现无碰撞导航，这是 MAV 自主运行的先决条件。接下来，介绍和讨论了用于 MAV 控制、3D 制图、自主导航和场景解释的计算机视觉方法。

在许多出版物中，从杂技表演到快速和动态巧妙的操作，MAV 惊人的飞行性能已经被展示（Mellinger 等，2011、2010；Michael 等，2010；Mueller 等，2011；Schoellig 等，2010）。然而，到目前为止，这些令人印象深刻的性能只能在一个特殊的区域内进行（Lupashin 等，2011；Michael 等，2010），在这个区域内，跟踪系统（通常是摄像机观察 MAV 的标记）从外部计算 MAV 的准确位置和方向。带有机载传感器的系统远远达不到这些性能参数。当然，使用机载传感器的 MAV 控制是一个需要深入研究的领域，其目标是通过机载传感器实现上述功能。这项研究不仅局限于作为机载传感器的数码摄像机，还包括激光测距仪、深度摄像机或不同传感器的组合（Achtelik 等，2009、2011；Ahrens 等，2009；Bachrach 等，2009；Bills 等，2011；Bloesch 等，2010；Eberli 等，2011；Engel 等，2014；Forster 等，2014；Grzonka 等，2012；Herisse 等，2008；Hrabar 等，2005；Klose 等，2010；Loianno 和 Kumar，2014；Nieuwenhuisen 等，2015；Shen 等，2011、2012 及 2013；Yang 等，2014；Zingg 等，2010；Zufferey 和 Floreano，2006）。

3.2 系统和传感器

本节简要介绍了 MAV 的系统设计和传感器。所描述的系统设计来自 Pixhawk MAV 平台（Meier 等，2012），但它是许多其他 MAV 平台的典范（Achtelik 等，2011；Scaramuzza 等，2014；Schmid 等，2014）。系统设计如图 3.2 所示，一个主要的特点是存在一个用于飞行控制的低级处理单元和一个用于图像处理和高级任务（例如，路径规划）的高级处理单元。低级处理单元的主要任务是状态估计和状态控制。状态估计必须以高的更新速率运行，并以 IMU、数字罗盘和可视姿态的测量作为输入。姿态控制器使用这些测量来控制电机。状态估计和控制必须实时运行,因此,它是直接在微控制器上实现的。关于低级控制过程的详细信息可以在 Bouabdallah 等(2004)和 Mahony 等(2012)的研究中找到。

然而,图像处理和高级任务需要强大的机载计算机;因此,MAV 也配备了一个标准的,但规模较小的 Linux 计算机。这些计算机在 MAV 上运行图像处理、视觉定位、障碍物检测、绘图和路径规划。

视觉定位模块计算出 MAV 的 6 自由度姿态。将视觉位姿反馈给状态估计器进行位置控制。立体处理模块从前向立体像对中计算实时视差图,这些视差图用于视觉定位模块和地图模块。

MAV 的最小传感器组包括由三轴加速度计和三轴陀螺仪组成的 IMU。这种 IMU 可以跟踪用于姿态控制的 MAV 的姿态。数字罗盘和气压传感器通常用于保持恒定的航向和恒定的高度。对于自动悬停和任何类型的自动导航所必需的位置控制,一个能够实现完整 6 自由度姿态测量的传感器是必要的,在这种情况下可以使用数码摄像机来解决这个问题。

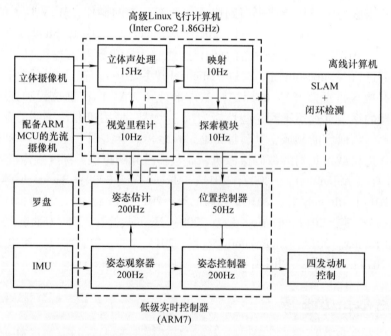

图 3.2 以立体系统和光流摄像机为主要传感器的自主 Pixhawk MAV 平台系统框图

3.3 自我运动估计

在大多数方法中,自我运动估计是通过融合来自 IMU 的信息和类似于 Scaramuzza 等（2014）的视觉测量来实现的。通过传感器融合，可以在较高的更新速率下可靠地计算出飞行器的姿态。视觉测量在这个过程中是必不可少的，因为惯性测量的积分会积累大量的漂移。

3.3.1 利用惯性和视觉测量进行状态估计

状态估计是一种使用扩展卡尔曼滤波器（EKF）融合惯性和视觉测量的滤波方法。状态估计器的输入是 IMU 的陀螺仪和加速度计在高更新速率下的转速和加速度，以及在低更新速率下的摄像机姿态。状态估计工作流程如图 3.3 所示。摄像机姿态由 3 个转动参数和 3 个平移参数组成的 6 自由度变换来表示，需要包含测量的不确定性。

图 3.3 松耦合视觉－惯性融合状态估计工作流程

根据视觉位姿估计器（单眼、立体视觉），摄像机的位姿可能包含一个未知的比例因子。IMU 的测量包括 3 个转速参数和 3 个加速度参数。EKF 的状态包括车辆姿态、比例因子和 IMU 的偏差。对于状态估计，使用高速率 IMU 测量，车辆状态可以及时地向前传播。当视觉测量可用（以较低的更新速率）时，使用视觉姿态执行 EKF 更新步骤。

3.3.1.1 传感器模型

车辆位姿由 IMU 在世界坐标系中的位姿表示。摄像机传感器是通过旋转和平移来获得 IMU 坐标系的偏移量。这种转换可以通过校准步骤进行计算，也可以包含在状态估计中。图 3.4 展示了不同的坐标系。IMU 测量每个三轴 ω_m 周围的角速度和每个三轴 a_m 上的加速度。这些测量受到噪声的干扰，并带有偏差。真正的角速度系统用 ω 和真正的加速度 a 表示

$$\omega = \omega_m - b_\omega - n_\omega \tag{3.1}$$

$$a = a_m - b_a - n_a \tag{3.2}$$

式中，b_ω 和 b_a 分别是角速度和加速度的偏差，这些偏差是非静态的，包含在待估计的状态中；n_ω 和 n_a 是建模为加性高斯白噪声的噪声参数，通常可以从传感器数据表中获取。

3.3.1.2 状态表示和 EKF 滤波

车辆状态包含以下重要的参数

$$x = \{p_w^i, v_w^i, q_w^i, b_w, b_a, \lambda, p_i^c, q_i^c\} \tag{3.3}$$

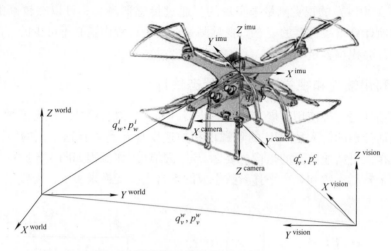

图3.4 视觉－惯性状态估计所涉及的坐标系示意图

式中，p_w^i是车辆在世界坐标系中的位置（IMU的位置），它包含三个参数（x，y，z）；v_w^i是车辆的速度，它包含三个参数，即三个坐标轴方向的速度；q_w^i是车辆在世界坐标系中的方位，由一个旋转矩阵表示，世界坐标系统通常选择与重力向量对齐；b_w是陀螺仪的偏差，用三矢量表示；b_a是加速度计的偏差，用三矢量表示；λ是IMU和摄像机测量值之间的比例因子，如果摄像机的测量值已经在度量范围内（例如，当使用立体系统时），那么这个参数将收敛到1（或者可以从状态中省略），然而，当使用单目摄像机系统时，自我运动只能估计一个未知的比例因子，由λ表示；p_i^c是摄像机传感器与IMU之间的旋转偏移量，当通过预校准步骤计算时，该参数可以从状态向量中省略；q_i^c是摄像机传感器与IMU之间的旋转偏移量，当通过预校准步骤计算时，该参数可以从状态向量中省略。

EKF的状态转移模型不需要控制输入，定义为

$$x_k = f(x_{k-1}) + w_{k-1} \tag{3.4}$$

观测模型定义为

$$z_k = h(x_{k-1}) + w_{k-1} \tag{3.5}$$

当前车辆状态x_k及其不确定度P_k将通过高更新率的惯性测量及时向前传播。在视觉测量可用时，车辆状态和不确定度将被更新。

状态传播需要两个步骤：

1) 传播状态变量：$\hat{x}_{k|k-1} = f(\hat{x}_{k-1|k-1})$
2) 传播状态协方差矩阵：$P_{k|k-1} = F_{k-1}P_{k-1|k-1}F_{k-1}^T + Q_{k-1}$

式中，F_{k-1}是状态转换函数的雅可比矩阵，H_k是观测函数的雅可比矩阵。

状态转移函数f的解释如下：新的位置p_w^i，$k|\hat{k}-1$由当前位置的双重集成加速度和通过添加集成的旋转速度与当前方位计算的新方位q_w^i，$k|\hat{k}-1$相加计算得

出的。在预测步骤中，偏差、尺度和校准参数保持不变。关于 F_{k-1} 和 Q_{k-1} 的详细推导，请参考 Weiss 和 Siegwart（2011）。

位置 p_v^c 和方向 q_v^c 及其协方差可用于视觉位姿估计，可以进行由更新状态估计和更新协方差估计两个步骤组成的滤波器更新。关于详细的更新方程，读者可以参考 Weiss 和 Siegwart（2011）。

请注意，观察过程假设视觉系统能够直接观察到 6 自由度的全姿态。此外，这意味着任何提供位姿估计及其不确定性的计算机视觉算法都可以用于滤波过程。在接下来的章节中，将介绍三种不同的视觉算法，它们已经被成功地用于 MAV 的控制。

3.3.2 单目视觉 MAV 位姿

计算机视觉的一个基本特性是可以从一个场景的多个图像中计算出场景的三维重建，同时还可以计算出摄像机的位置和方向。这种方法被称为来自运动的结构（SfM），在机器人社区中也经常被称为视觉同步定位和建图（SLAM）。通过将摄像机附加到 MAV 上，可以使用这种算法计算摄像机的姿态来跟踪 MAV 的运动。如果只对摄像机的姿势感兴趣，那么这种算法通常被称为视觉里程计。这种算法的一个著名实现是并行跟踪和建图（PTAM）方法，它也适用于高帧率（Klein 和 Murray，2007）。这种方法的基本思想是在 3D 中对跟踪的特征点进行三角化。对于新摄像机，将图像特征点与迄今为止的三角化三维点进行匹配，并计算出三维与二维点的对应关系。然后，进行最小化重投影误差，以确保准确性，并在 3D 中对新特性进行三角化。具体步骤如下：

1) 获取两幅图像，I_{k-2} 和 I_{k-1}。
2) 提取和匹配两幅图片的特征。
3) 将 I_{k-2} 和 I_{k-1} 特征三角化。
4) 获取新的图像 I_k。
5) 提取特征并且与前一帧 I_{k-1} 匹配。
6) 使用 PnP 算法和 RANSAC 作为鲁棒估计器，计算从 3D 到 2D 的摄像机姿态匹配。
7) 采用最小化重投影误差改善摄像机姿态和 3D 点。
8) 将 I_k 和 I_{k-1} 之间匹配的新特征进行三角化。
9) 返回步骤 4）。

关于不同步骤的细节，读者可以参考 Scaramuzza 和 Fraundorfer（2011）。

如果满足某些条件，在 MAV 上的低功耗计算机上运行这种内在复杂的算法是可能的。首先，图像之间的鲁棒特征匹配计算非常复杂；然而，对于高帧速率的摄像机，特征匹配的步骤可以显著加快。对于 30 帧/s 左右的实时帧率，两幅图像之间的运动很小，这意味着相邻图像对的图像特征几乎具有相同的坐标。在这种情况下，可以完全避免计算特征描述符，而将特征匹配作为图像坐标的最近邻匹配来执行。如果另外使用快速的特征检测器，例如 FAST 角点，那么特征检测和匹配步骤就可以进行得非常快。其次，实际上可以跳过从 3D 到 2D 点对应的姿态估计，而直接通过最小化重投影误差来计算姿态。对于实时帧率，用于最小化重投影误差的摄像机姿态可以由前一个摄像机姿态初始化，特别是对于使用状态估计器传播姿态的 MAV。通过在最小化重投影误差使用一个鲁棒的损失函数，也可以去除异常值。第三，随着三维点和摄像机姿态的增加，最小化重投影误差的计算复杂度也会增加。通过只保留最后的 n 帧和这些帧中的 3D 点，运行时可以保持不变。在 Achtelik 等（2011）的研究中，一种遵循这些原则的算法能够以 30 帧/s 的速度计算 MAV 的姿态，并成功地用于 MAV 控制。

然而，单目视觉里程计有一个明显的缺点，即摄像机位置的公制刻度无法计算。因此，有必要在初始化时使用已知度量尺度（例如，棋盘格）的模式校准刻度，或者通过与惯性传感器融合来估计度量尺度。此外，尺度估计也有漂移的倾向。使用立体视觉系统可以缓解这些问题。

3.3.3 立体视觉 MAV 位姿

立体视觉的一大优点是可以直接计算摄像机姿态的度量尺度和三维点。这意味着不会发生单目系统中出现的尺度漂移。特别是在状态估计的情况下，它使得在 MAV 状态中不必要包含一个尺度因子。此外，三维点的三角化总是发生在两个精确的预先校准的图像帧上。立体视觉的摄像机姿态可以从三维到三维的对应关系或三维到二维的对应关系中计算出来。最近，3D-2D 方法得到了很大的普及，本节将对其进行描述。对于 3D-3D 方法，读者可以参考 Scaramuzza 和 Fraundorfer（2011）。

3D-2D 方法的基本轮廓是使用 PnP 算法来计算摄像机从 3D 到 2D 的对应位姿。三维点是从每个立体图像对三角化中得到的。为了计算当前的位姿，在当前立体图像对的一个图像和先前立体图像对的一个图像之间进行特征匹配。然后使用 PnP 算法从当前立体图像对对应的 2D 特征点和之前立体图像对对应的 3D 特征点计算摄像机姿态（见图 3.5 和图 3.6）。

1）获取一个立体图形对 $I_{l,k-1}$ 和 $I_{r,k-1}$。

2）提取、匹配和三角化 $I_{l,k-1}$ 和 $I_{r,k-1}$ 的特征。

3）获取新的立体图形对 $I_{l,k}$ 和 $I_{r,k}$。

4）提取特征并且匹配 $I_{l,k-1}$ 和 $I_{l,k}$。

5）使用 PnP 算法和 RANSAC 作为鲁棒估计器，计算从 3D 到 2D 的摄像机姿态匹配。

6）采用最小化重投影误差改善摄像机姿态和 3D 点。

7）对立体图形对 $I_{l,k}$ 和 $I_{r,k}$ 中匹配的所有新特征进行三角化。

8）返回步骤 3）。

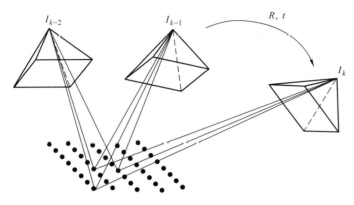

图3.5 单目姿态估计说明。新的摄像机姿态是由至少两张后续图像的三维点三角计算出来的

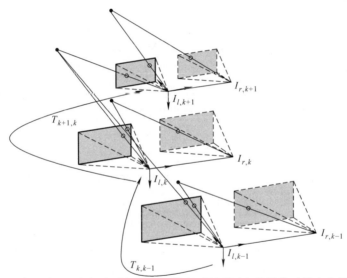

图3.6 立体姿态估计说明。在每个时间戳，三维点可以通过立体图像对的左右图像中计算出来。新的摄像机姿态可以直接从之前的立体对三角化的三维点计算出来

立体视觉处理为姿态估计过程增加了额外的计算复杂度。必须在立体图像对的左右图像之间以及当前和先前的图像之间匹配。然而，随着摄像机姿态的固定和预先校准，左右图像之间的特征匹配可以非常有效地完成。对应的特征需要位于极线上，对特征的搜索可以限制在极线上。然而，立体图像处理已被证明可以在专用硬件上实时运行，如FPCA（Schmid等，2014），从而将主机从低级视觉任务中解放出来。

所述方法不仅适用于立体视觉系统，还可用于任何RGBD传感器系统，即捕获深度（D）和摄像机图像（RGB）的传感器。这种传感器的典型示例是Kinect传感器。目前，各种各样的RGBD传感器正在开发，所有这些传感器都将与上述算法一起工作。

3.3.4 光流测量 MAV 位姿

随着 Parrot 的 AR 无人机的出现，光流控制 MAV 的应用得到了普及。AR 无人机配备了基于光流的位置控制机制（Bristeau 等，2011），这使得它可以在没有用户输入的情况下稳定地悬浮在原地。使用光流算法进行位姿估计的主要好处是有可能实现非常高的更新速率（例如，>100Hz），并且可以很容易地在资源有限的嵌入式控制器上实现。然而，该算法有一些限制假设。光流算法测量图像平面上的像素位移。例如，如果图像平面与地平面平行，则观察到的像素位移与摄像机的运动成比例。如果测量摄像机与地平面之间的距离（例如，通过超声波传感器），则像素位移可以转化为计算摄像机运动。为了消除由旋转运动和平移运动引入的光流的歧义，可以使用 IMU 测量来校正旋转部分。这种米制光流传感器的必要组件包括摄像机传感器、距离传感器（如超声波或红外线）和三轴陀螺仪。使用光流算法对摄像机获取的图像处理来计算 x 和 y 像素位移。距离传感器用于测量摄像机与世界平面之间的距离，从而产生光流，将像素位移转换为度量位移。此外，距离传感器用于跟踪 z 方向（高度）的变化。陀螺仪用于测量两个图像帧之间传感器的转速。通过这种方法，可以计算光流的旋转诱导部分，并从测量的光流中减去它。摄像机的移动（平移）可以从剩余的米制光流和米制单位的距离测量中计算出来。数学关系式由式（3.6）表示。摄像机的度量平移由 $t = [t_x, t_y, t_z]^T$ 表示，在 x、y、z 方向上移动。式（3.6）给出了如何通过两幅图像 I_0 和 I_1 获得光流计算 t 和深度测量值的关系。两幅图像的旋转由陀螺仪测量，通过 3×3 的旋转矩阵表示。$\Delta x = (\Delta x, \Delta y, 0)^T$ 是两个图像之间测量的光流，单位为像素。$x_0 = [x_0, y_0, 1]^T$ 是计算的光流在图像 I_0 的像素坐标。d_0、d_1 分别是地面到图像 I_0、I_1 的度量距离，f 是摄像机的焦距。

$$t = -\frac{d_1}{f}R\Delta x + \frac{d_0}{f}x_0 - \frac{d_1}{f}Rx_0 \tag{3.6}$$

式（3.6）可由式（3.7）给出的光流简单方程，并将 x_1 和 x_0 代入式（3.8）和式（3.9）中推导得到。式（3.8）和式（3.9）描述了摄像机旋转 R 和平移 t 前后，三维点的摄像机投影。

$$\Delta x = x_1 - x_0 \tag{3.7}$$

$$x_0 = P_0 X = \frac{f}{d_0} X \tag{3.8}$$

$$x_1 = P_1 X = \frac{f}{d_1}(R^T X - R^T t) \tag{3.9}$$

推导中用到的几何关系和数值如图 3.7 所示。

式（3.6）描述了如何计算一个图像位置和光流的 t。在实践中，对图像内的多个流向量进行计算（例如，通过 KLT 特征跟踪），从而产生对 t 的多个估计，这些估计可以作为鲁棒性的平均值。算法总结如下：

1）利用 KLT 方法计算连续图像 I_0、I_1 之间的光流（Shi 和 Thomas，1994）。
2）测量传感器的距离 d_0、d_1。
3）用陀螺仪测量旋转矩阵 **R**。
4）用式（3.6）计算 **t**。

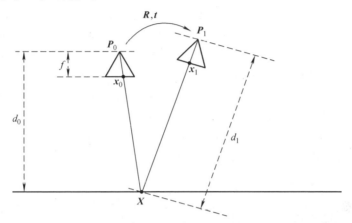

图 3.7 光流传感器的概念，描述用于计算度量光流的几何关系

为了实现 MAV 控制所需的高更新速率，可以遵循两个建议。首先，通过使用低分辨率摄像机（例如，64 像素×64 像素），可以获得高的图像捕获率。例如，通过在标准的 VGA 摄像机上开发硬件，这将降低分辨率但增加图像捕获率。结合低分辨率，建议使用变焦镜头，这样可以解决地平面上的小细节，从而更好地跟踪特征。其次，通过只计算一定数量的已定义的图像位置或网格的 KLT 特征轨迹，可以避免对 KLT 特征检测部分的计算，且计算量保持不变。这些想法实际上是在图 3.8 所示的 PX4Flow 传感器中实现的，如前所述，PX4Flow 传感器可以计算米制光流。为此，传感器配备了摄像机、陀螺仪、超声波测距装置以及进行光流计算的 ARM 处理器。PX4Flow 传感器在 Honegger 等（2013）的文献中有详细描述。

图 3.8 利用光流原理计算 MAV 运动的 PX4Flow 传感器，它由一个
数码摄像机、陀螺仪、一个距离传感器和一个用于图像处理的嵌入式处理器组成

3.4 3D 建图

三维建图，即从图像中生成三维数据，是 MAV 最重要的任务之一。与街道图像和传统的航空图像相比，MAV 为数码摄像机提供了独特的制高点。在城市建筑物重建中，可以从离建筑非常近的地方拍摄图像。图像可以垂直向下拍摄（称为最低点图像），直接或从低高度的一般倾斜方向观看正面。然而，与航空成像中使用的典型的有规律采样网格相比，这导致了飞行模式的不均匀。从图像生成三维数据的计算机视觉系统被称为 SfM 系统。这些系统也可以用来处理 MAV 拍摄的图像数据。然而，由于只处理图像数据，这些系统忽略了 MAV 上的用于 MAV 控制传感器提供的额外信息。这些传感器在许多方面可用于提高 SfM 系统的质量和效率。

图 3.9 所示为大多数 SfM 系统常见的基本构建步骤。右侧的箭头所示为来自 MAV 的附加传感器测量值，可用于改进单个步骤。

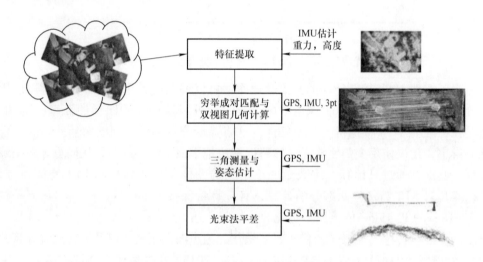

图 3.9 从运动（SfM）流程到图像数据计算三维数据的典型结构的不同步骤。右边的箭头描绘了从 MAV 平台提供的额外传感器数据，并突出显示了可以使用流程中的哪些步骤

在特征提取的步骤中，使用了大量的计算能力来提取视点、尺度和方向不变的特征和描述符。然而，这种不变性也可以通过使用来自 MAV 的 IMU 测量来实现。对于俯视的摄像机，视点不变性可以通过将所有图像与地球重力法向对齐来实现。MAV 与此法线的偏差由 MAV 的 IMU 测量。可以对图像进行预先旋转，使所有的图像平面都是平行的，从而消除视点的变化。剩余的偏航角旋转不变性可以利用 MAV 的绝对罗盘测量和平面内旋转来实现。最后，通过 MAV 的压力传感器测量离地高度并对这种尺度变化进行校正，可以实现尺度不变性。在预处理之后，可以使

用更简单的特征和描述符。提取过程越快,匹配模糊度通常会降低(Meier 等,2012)。

在图像匹配步骤中,传统的穷举匹配算法主要是建立处理图像的顺序。这个步骤非常耗时,包括描述符匹配和两视图几何估计的匹配验证。在这里,来自 MAV 传感器的附加测量可以显著加快处理速度并增强鲁棒性。MAV 的 GPS 位置可以用来避免完全穷举的匹配。通过已知图像的 GPS 位置,可以创建附近图像的候选列表,并仅对候选列表图像进行匹配,从而避免尝试匹配那些无论如何都不匹配的图像。在两视图几何估计步骤中,计算两幅图像之间的基本矩阵来验证匹配。这需要在 RANSAC 循环中使用 5pt 基本矩阵估计算法。对于通过 IMU 测量重力法向的 MAV,可以使用更有效的 3pt 基本矩阵算法来代替 5pt 算法,该算法正是针对这种情况而开发的。3pt 算法直接从 IMU 进行两次旋转测量,只估计剩下的 3 个未知数,这就是它效率高得多的原因。当在 RANSAC 循环中使用时,必要的 RANSAC 迭代以指数方式依赖于点对应的数量,因此 3 个或 5 个必要的点对应在运行时产生很大的差异。

在三角化和姿态估计步骤中,相邻图像相互验证,对三维点进行三角化。图像配准通常是通过 PnP 算法计算一个从 3D 到 2D 的位姿假设,然后计算重投影误差的非线性优化。从 3D 到 2D 匹配的位姿假设计算通常是一个耗时的算法,可以在使用 MAV 的 IMU 测量时进行替换。位姿假设可以通过将 MAV 的 IMU 测量值整合到位姿假设中来计算。结果表明,这种姿态假设对于后续的最优非线性姿态优化具有足够的精度。在最后一步中,使用最小化重投影误差以全局的方式优化所有的摄像机姿态和 3D 点。这里,GPS 和 IMU 测量可以作为附加约束,如全局位姿约束(GPS)、全局姿态约束(IMU)和相对方向约束(IMU)。

其中许多概念已经在开源 SfM 软件 MAVMAP 中实现(Schonberger 等,2014),该软件专门为使用 MAV 进行 3D 建图而设计。它的主要优点是加速了重要的计算机视觉算法,增强了鲁棒性。在低纹理区域,由于提取的图像特征数量较少,额外的 GPS 或 IMU 等信息将为解决摄像机姿态估计问题提供有价值的约束条件。来自 MAV 的图像数据可以以一种高度不规则的方式获取,这通常会对 SfM 系统进行测试,因此,使用额外的约束对 SfM 过程来说很有益处。图 3.10 所示为用于训练搜救人员的碎石场的 3D 地图。这张 3D 地图是由多个低空飞行的 MAV 拍摄的 3000 多张图像计算出来的。使用 MAVMAP 计算摄像机姿态,使用 SURE 对点云进行加密(Rothermel 等,2012)。图 3.10a 用红色描绘了 MAV 的轨迹,在这幅图像中,采集路径的不规则性清晰可见。图 3.10b 显示了 3D 地图一部分的详细视图,该视图最初并没有从 MAV 的视角观察到。

图 3.10 使用 MAVMAP 从三个独立的 MAVs 图像数据生成的三维地图。a) 3D 点云，包括 MAV 的轨迹（摄像机姿态用红色显示）。b) 不是从 MAV 观察，从最初角度详细观察 3D 地图的一部分

3.5 自主导航

数码摄像机最有可能成为 MAV 自主导航最重要的传感器。数码摄像机可以使用复杂的计算机视觉算法来绘制 MAV 的 3D 环境地图。其他 3D 数据生成的选择，包括激光测距仪、雷达、超声波、红外线，仍然有明显的缺点。例如，全 3D 激光测距仪，目前对于小型 MAV 来说实在太重了。然而，如今的数码摄像机只有几克重，而且非常小。进一步微型化的数码摄像机和更重要的计算机技术将允许在 MAV 上运行更复杂的计算机视觉算法。在这种情况下，深度摄像机也属于数码摄像机类，因为 Kinect 风格的深度摄像机类似于摄像机 - 投影仪系统。在线 3D 地图是实现自主导航的关键。MAV 需要更详细地感知障碍物及其周围环境，以便进行路径规划和避障，实现安全导航。其挑战在于在资源有限、重量限制严格的平台上实现实时、高保真的深度感知。目前的趋势是使用专门的硬件嵌入传感器，让计算

机视觉算法（如立体处理）实时运行。例如，Kinect 传感器在芯片（SoC）系统中执行深度估计。在其他工作中，立体处理的半全局匹配算法在 FPGA 芯片上运行，实现了对 MAV 的实时深度感知。将更复杂的算法集成到传感器硬件中的工作正在进行。例如，Skybotix VI 传感器的目标是利用 FPGA 处理和专用硬件将完整的视觉 – 惯性位姿估计系统放入传感器硬件本身。

传感器的测量数据必须融合在一起，形成环境的公共地图，以方便路径规划、避障和更高级别的人工智能操作，如搜索策略。在这种情况下，为地面机器人开发的方法不能直接使用，它们必须首先从 2D 表示扩展到 3D 表示，因为 MAV 可以在 3D 中自由导航。三维空间网格代表了环境表征技术。它们允许将不同深度的扫描增量地融合到用户定义精度的公共地图中。三维占用地图可以有效地用于路径规划和导航。但是，在 MAV 上的内存有限的计算机上，很快就会遇到可伸缩性问题，通常需要开发平铺方法。

图 3.11 所示为一个用于 MAV 导航的 3D 占用网格（Heng，2014）。被物体（墙壁、地板、家具等）占据的网格单元被可视化为蓝色的立方体。占用网格是通过融合大量的单个深度传感器测量数据来计算的。每个网格单元进一步持有一个概率，该概率表示关于度量的确定性。

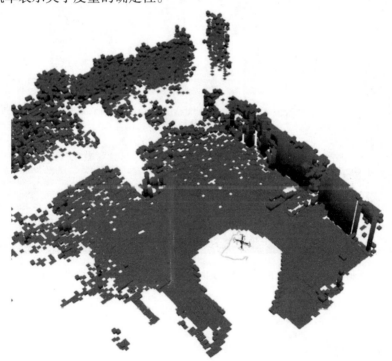

图 3.11　为适合路径规划和 MAV 导航的 3D 占用网格的环境表示。
蓝色方块是环境中被占据的部分

3.6 场景理解

在前一节中,重点是如何使用数字图像进行 MAV 导航和通过从图像数据中提取三维信息进行建图。然而,利用计算机视觉方法对图像内容本身进行分析来进行场景解释对 MAV 来说也很重要。MAV 的完全自主任务驱动操作不仅需要了解其环境的几何形状,还需要语义描述和解释。

MAV 需要能够探测和识别对象、人员等。它需要能够在语义上确定自己的位置,也就是说,识别它是在厨房、浴室还是客厅。它需要识别人并理解与他们互动的手势。它还需要能够识别通道、门、窗或出口。计算机视觉是实现这些语义解释的最有希望的技术。

图 3.12 所示为 MAV 进行场景解释的示例(Meier 等,2012)。该系统使用一个人脸检测器来检测和识别附近的人,这使得系统始终与人们保持安全的距离。该系统还可以从一个预先训练好的数据库中识别目标,如门上方的出口标志,系统可以使用这样的信息进行路径规划和导航。

图 3.12 带有基本场景解释功能的 MAV 实时视图。MAV 检测出人脸和预先训练过的物体(例如,出口标志),并在实时视图中标记它们

3.7 本章小结

计算机视觉已被证明是自主 MAV 的关键技术。数字摄像机用于姿态估计和 MAV 机载传感器导航。利用机载传感器进行 MAV 姿态估计极大地扩展了 MAV 的

应用场景。如果没有机载姿态估计，自主操作将局限于有 GPS 接收的户外区域或仪器控制区域（例如，有跟踪系统的区域），无法在部分倒塌的建筑物中进行搜索和救援、工厂检查任务或室内计量记录应用。此外，自主 MAV 的出现被认为是计算机视觉新发展的新驱动力。用于自主 MAV 的计算机视觉系统需要具有高可靠性和鲁棒性，许多计算机视觉算法在这方面仍然缺乏。视觉 – 惯性融合是一种很有前途的、更可靠的计算机视觉算法。对这一方向的偏好主要是由于 MAV 装备有 IMU，因此有很大的动机对这些方法进一步研究。当然，对计算机视觉算法形式的新见解也可以很容易地转移到其他类型的自主系统上。

第 4 章
水下机器人的海底探险

Rafael Garcia[1], Nuno Gracias[1], Tudor Nicosevici[1], Ricard Prados[1], Natalia Hurtos[1], Ricard Campos[1], Javier Escartin[2], ArmaganElibol[3], Ramon Hegedus[4], Laszlo Neumann[1]

1. 西班牙吉罗纳大学计算机视觉与机器人研究所
2. 巴黎地球物理研究所，国家科学研究中心
3. 土耳其伊斯坦布尔 Yildiz 技术大学数学工程系
4. 德国萨尔布吕肯马克斯·普朗克信息学研究所

4.1 简介

海洋覆盖了地球近75%的面积。令人惊讶的是，人类只探索了广袤地球上非常小的一部分。究其原因，主要是深海环境恶劣、光照不足、压力极大，使海洋成为对人类来说一个危险的地方。因此，深海探测超出了人类潜水员的能力，需要使用水下机器人。最初，这类飞行器由一名飞行员驾驶，同时搭载一名或多名科学家。由于所有这些载人潜水器都具有悬停能力，一名熟练的飞行员将能够在研究目标区域的同时，在非常低的高度（即从车辆到海底的距离）测量海底。让飞行员在测量回路上可以根据船上科学家的兴趣实时重新规划测量。但是，载人车辆有潜水时间的限制（由于电池寿命和机组人员空气储备的原因）。这些限制导致了无人水下航行器（UUV）的发展，这是一种更安全的选择，因为人类不需要潜入海洋。UUV 可分为遥控飞行器（ROV）和自主水下机器人（AUV）。ROV 通过缆绳与母船相连，驾驶员可通过缆绳遥控潜水器。缆绳同时提供控制反馈信号和能量，允许科学家进行实时控制和任务重新规划。然而，ROV 最大的缺点之一是缆绳通常受到水流的影响，而水流反过来又会影响车辆的运动。此外，当在 500m 以上的深度工作时，该船需要一个缆绳管理系统（TMS），该系统充当"车库"，以消除附着在 ROV 上的长脐带缆的阻力影响，增加了该船的设计和操作复杂性。此外，这类车辆要求辅助船只与 ROV 协调移动；因此，船舶应配备动态定位系统，以自动保持其位置和航向，这涉及与船舶时间成本相关的额外费用。

AUV 不需要飞行员，也不需要缆绳。因此，它们可以从较小（和较便宜）的船只上发射。AUV 通常是预先编程来执行特定的轨迹。它们的潜水时间仅受船上

电池的自主性限制，这通常使它们至少能工作一整天。一些 AUV 通过超声波链路与母船相连，提供通信和定位提示，如通过超短基线（USBL），而其他 AUV 则完全自主导航。因此，AUV 需要在任务参数范围内，根据船上传感器的读数及其控制结构做出自己的决定，而无需人工操作人员的（有用的）反馈和决定。由于上述原因，目前大多数 AUV 主要用于海底地形测绘（即使用多波束声呐获得海底 2.5D 数字地形模型）。这使得机器人可以在相对安全的高度从 50~100m 的海底移动。在某些情况下，AUV 也可能携带侧扫声呐，目的是提供对海底不同类型纹理和材料的了解。在这种情况下，AUV 需要在较低的高度（10~15m）行驶，从而增加了相关风险。

用 AUV 获取光学图像是一项更危险的工作，因为机器人需要非常接近海底，这可能导致从撞击海底到被渔网困住的事故。如今，大多数商用 AUV 通常以 1.5~3kn 的速度航行，并且没有悬停能力（即在保持恒定高度的同时保持在一个位置）。这使得它们足以进行水深测绘，同时也限制了它们安全获取光学图像的能力。然而，一些科学的 AUV 能够以更低的速度移动，而其他的甚至能够悬浮——例如，SeaBED（WHOI）或 Girona-500（UdG）——使它们能够在非常低的高度（不到 2m）飞行。因此，这些类型的 AUV 更适合于视觉数据采集。

4.2 水下成像的挑战

在获取海底图像时，主要挑战是水下介质中光的特殊传输特性（Wozniak 和 Dera，2007）。光与水环境之间的相互作用基本上包括两个过程：吸收——光逐渐衰减并最终从成像过程中消失；散射——单个光子方向的变化，主要是由悬浮在水中的各种粒子引起的。这种介质的这些传输特性给水下成像带来了额外的挑战，如图像特征模糊、光吸收、杂波和感兴趣区域缺乏结构造成的范围受限。有时，微小的漂浮颗粒会产生一种称为"海洋雪"（本质上是一种后向散射效应）的现象，这使得图像处理变得更具挑战性。

此外，自然光通常不足以成像海底。在这种情况下，一个或多个光源通常连接到潜水器上，提供必要的照明。然而，这样的光源可能会增加后向散射效应，并且倾向于以非均匀的方式照亮场景（在图像中心产生一个亮点，其周围的照明区域很差）。此外，光源的运动产生了场景中阴影的移动，在车辆移动时产生亮度模式的变化。因此，将标准计算机视觉技术应用于水下成像，首先需要应对这些固有的挑战（见图 4.1）。

总之，在处理水下视觉时需要解决许多挑战：光散射、光吸收、由于吸收是波长的函数而发生的颜色变化、形状扭曲、可见度降低、模糊效果和许多其他问题。在许多其他情况中，一个很好的例子是日光闪烁效应。这种效果是在阳光明媚的日子获取浅水区海底图像时产生的。在这种情况下，图像由于折射而遭受强烈的光起

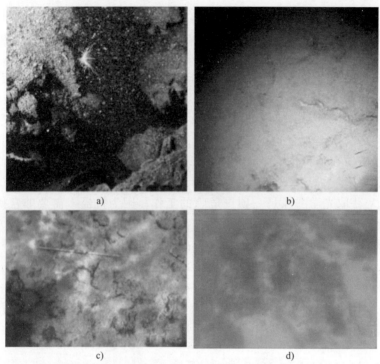

图4.1　a）由于光源光线反射到悬浮颗粒物上而造成的后向散射示例，妨碍了海底纹理的识别。
　　　b）描述水的光衰减产生的影响，在离人工照明焦点最远的区域造成明显的亮度损失。
　　　c）在浅水中获取的显示太阳闪烁模式的图像示例。d）由于小角度前向散射现象而呈现出广义模糊外观的图像

伏，破坏了图像的外观，改变了人类对场景的感知。这些伪影是由太阳光与水面波的交集造成的，在图像中显示为明亮的条纹，在空间和时间上变化很快（见图4.2）。折射的阳光会产生动态图案，从而降低图像质量和采集数据的信息含量。

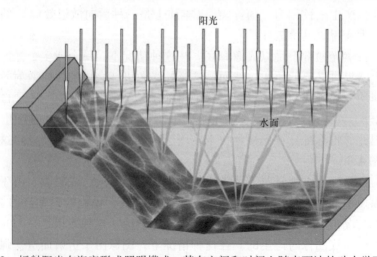

图4.2　折射阳光在海底形成照明模式，其在空间和时间上随表面波的动力学而变化

因此,日光闪烁效应给任何图像处理流水线带来了困难,影响了进一步图像处理算法(马赛克、分割、分类等)的行为。因此,为了确保水下成像算法的最佳性能,减少或消除这些伪影的在线技术的发展变得至关重要(Gracias 等,2008;Shihavuddin 等,2012)。

4.3 在线计算机视觉技术

4.3.1 去雾

由于水下图像处理首先要处理前面描述的具有挑战性的过程,因此在过去几年中,人们提出了几种图像增强和恢复技术。"去雾"一词起源于科学文献,该文献论述了损害大气烟雾的图像恢复,而大气霾实质上是光散射效应。后来,这个术语虽然有点不准确,但通过在其他场景(如水下图像增强)中表示类似的图像恢复方案,发展了更广泛的用途。如图 4.3 所示,底层图像形成模型基于单个和单向光源的单次散射。排除吸收,在这种方案中(Bohren 和 Clothiaux,2006),可以表明在分子/颗粒散射体存在的情况下,从远处物体到达观察者的波长相关辐射可以通过一个简单的公式来表示,该公式清楚地表达了观察到的辐射 $I(\lambda,d)$ 是由两部分组成的总和:来自距离 d 的物体的衰减光和遮蔽光,即沿物体和观察者之间的视线被所有分子和粒子散射的光。$I(\lambda,d) = J(\lambda)t(\lambda,d) + V(\lambda)[1 - t(\lambda,d)]$,这里的 $J(\lambda)$ 是从物体传输的直接场景辐射,$V(\lambda)$ 是遮蔽光参数,这意味着当光源照明通过无限光学深度散射到视线中所能测得的辐射,$t(\lambda,d)$ 是透射率。

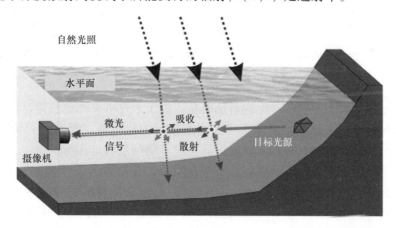

图 4.3 以自然光为主要光源的水下成像方案。到达摄像机的信号主要由两部分组成:来自被观察物体的衰减直射光和沿传播路径的水散射自然光。衰减是由于散射和吸收引起的

在最一般的情况下,传输由以下表达式给出:$t(\lambda,d) = \exp\left[-\int_0^d \beta(\lambda,z)\mathrm{d}z\right]$,

这里的 $\beta(\lambda,z)$ 是距离 z 处的消光系数特性，λ 是波长，d 是观测对象的距离。一般来说，消光系数是散射系数和吸收系数的总和。至于大气图像恢复的情况，吸收的影响可以忽略不计（尽管这只在适当的雾霾存在的情况下才是这样，但在浓雾的情况下，例如吸收起主要作用的情况下则不是这样）。因此，在这个方案中，来自被观察物体的直射光的衰减仅仅是由于散射引起的。$\int \beta(\lambda,z)\mathrm{d}z$ 积分称为光学深度，因此它是去雾现象的自然比例因子。在去雾的方法中，通常假设散射系数在视场和视线上是恒定的，因此传输变得简单，如 $t(\lambda,d) = \exp[-\beta(\lambda)d]$。这种简化带有一个基本假设，即落在观察者视野中的环境体积内的各种散射粒子的分布是均匀的。这在地面场景中可能或多或少是合理的，特别是在视野狭窄的情况下，在朦胧的大气中假设一个空间不变的散射系数似乎是合理的。这种简单模型的优点是显而易见的，如果场景的每像素深度图是已知的，那么只剩下少数未知参数，估计这些参数可能会导致图像的良好恢复。然而在现实中，这更适用于水下环境，图像的形成更为微妙和复杂。首先，在水介质中，不应忽略吸收，吸收的光谱行为与散射的光谱行为不同（见图4.4）。

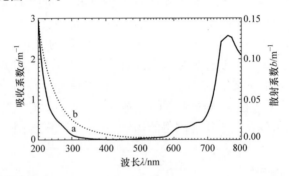

图 4.4 纯海水的吸收和散射系数。由 Smith 和 Baker（1981）确定和给出并从 Mobley（1994）复制的纯海水的吸收（实线）和散射（虚线）系数

在这方面，水下成像的一个固有问题是，由于水在可见光红色光谱范围内的高吸收，有时摄像机的红色滤光像素中除了最接近的物体外，根本没有记录任何信号。另一个复杂因素是，在烟雾弥漫的环境中，瑞利散射是在场景物体上产生遮蔽效果的最主要因素，而在海水中通常有一个重要的浓度具有三重散射的漂浮粒子。因此，可能存在各种各样的散射体，它们对散射过程具有不同的特性（光谱和角度依赖性），分布可能不均匀。除此之外，多重散射也不能忽略。关于进一步的细节，我们请读者参考 Mobley（1994）。仅考虑其中的几个因素，图像形成模型很快变得非常复杂，以至于不可能将其用于任何类型的逆向工程中，这正是人们通过执行水下图像增强所希望的。因此，在大多数去雾方法中直接或间接地使用上述简单图像形成模型并非偶然，因为尽管其有效性有限，但这种程度的模型复杂性仍然是

可处理的。

为了使单散射模型能够正常工作,我们发现对场景进行深度估计是至关重要的。早期的去雾方法主要依靠额外的深度信息或同一场景的多次观测。Schechner (2001) 与 Schechner 和 Karpel (2005) 利用了这样一个事实:散射的遮蔽光(在大气和水下)是部分偏振的,而来自物体的直接光实际上可以被认为是非偏振的。因此,如果从场景中获取每像素偏振数据,就可以很好地分离出直接信号和遮蔽信号。基于这一观察,他们开发了一种快速的方法,通过偏振器在不同角度拍摄两幅图像,以减少遮蔽效果。Narasimhan 和 Nayar (2002 及 2003) 提出了一种基于物理的散射模型,利用该模型可以从两幅或多幅天气图像中恢复场景结构。Kopf 等人 (2008) 提议使用地理参考数字地形和城市模型中直接可访问的场景深度信息来去除图像的颜色。这些方法的固有限制是,除了简单的摄像机-镜头组合之外,还需要同一场景和/或特殊光学元件的多个几何配准图像。因此,它们不能用于在散射介质中获取的任意图像或视频片段。此外,通过依赖额外的测量/数据,所应用的技术可以将额外的未知参数施加到用于图像增强的模型中。例如,尽管部分偏振度是未知的,但偏振可以提供关于遮蔽光分量的有价值的信息;它可以高度依赖于波长,并且通常是散射过程的函数。

近年来,出现了一个新的概念,即单图像去雾。根据这一概念,人们提出了新的算法,试图在不需要任何额外信息的情况下(在陆地和水下成像中)进行图像恢复。这是一个非常理想的程序,因为除了标准摄像机外,不需要其他设备来获取图像。然而,由于物体反射光的衰减和附加遮蔽光的强度都依赖于给定物体的光学深度,因此从单个图像恢复原始场景的真实颜色是一个严重的欠约束问题 (Schechner 和 Karpel, 2004)。因此,这样一个不确定的问题只有通过利用自然极限施加额外的约束,才能解决物理现象本身、不变性和某些自然的统计图像特征。提取和利用这些约束也意味着需要复杂的算法,通常具有很高的计算成本,例如,图像匹配方法、独立成分分析或马尔可夫随机场

Fattal (2008) 提出了一种考虑表面阴影和场景传输的图像形成模型。在假设这两个函数在局部统计上不相关的情况下,可以将雾化图像分解成反照率恒定的区域,从中可以推断出场景的传输。Tan (2009) 提出通过最大化烟雾图像的局部对比度来增强其可见性。He 等 (2009) 提出了一种引入暗通道先验的方法。这一先验来自一个观察,即在无雾化图像中,大多数局部斑块通常包含一些低强度、几乎完全黑暗的像素。Ancuti 等 (2011) 改进了暗通道先验方法,将原始图像的色调与逆图像的色调进行比较,以估计气光颜色,并应用层基去雾技术。Tao 等 (2012) 还扩展了考虑大气多重散射影响的暗通道方法。该方法需要对大气点扩散函数进行估计,包括卷积和反卷积两步,增加了计算时间。Kratz 和 Nishino (2009) 将图像建模为阶乘马尔可夫随机场,其中场景反照率和深度是两个统计独立的潜在层,实现了一种典型的期望最大化算法来分解图像。Kratz 的方法可以恢

复边缘细节清晰的无雾图像，但计算量大。Tarel 和 Hautiere（2009）提出了一种单一图像去雾算法，该算法具有速度快的主要优点，其复杂性是图像像素数的线性函数。该方法由大气面纱推断、图像恢复与平滑、色调映射等部分组成，仅受少量参数控制。Luzon Gonzalez 等（2015）基于光源变化下的 RGB 响应比恒定性，提出了一种适用于多种恶劣天气条件的图像增强方法。他们的算法以较低的计算时间恢复退化图像的可见性、对比度和颜色。

对于水下环境中的单一图像去雾方法，它们大多重申了针对大气情况而发展的思想，但也有一些变化。Carlevaris Bianco 等（2010）提出了一种基于不同颜色通道之间衰减差异的先验水下去雾算法，该算法允许估计每像素场景深度，然后利用估计的深度图将真实场景的辐射量建模为马尔可夫随机场，从模糊图像中恢复场景的辐射量。Ancuti 等（2012）开发了一种基于图像融合原理的多分辨率方法，它定义了两个输入，表示原始水下图像的颜色校正和对比度增强版本，以及用于融合过程的相关权重图，这些权重图通过指定空间像素关系来评估若干图像质量。Chiang 和 Chen（2012）提出了一种通过补偿传播路径上的衰减差异来增强水下图像的新方法，该方法还考虑了可能存在的人工光源的影响。他们利用地面真彩色贴片评估了算法的性能，并展示了显著增强可见性和良好颜色保真度的结果。Serikawa 和 Lu（2013）还使用了一种基于不同颜色通道之间衰减差异的简单先验，并通过水下图像中的红色通道估计深度图。他们建议在深度图上应用快速联合三边滤波，以在仅几次迭代中实现具有狭窄空间窗口的边缘保持平滑。Hitam 和 Awalludin（2013）提出了一种混合对比度受限自适应直方图均衡化（CLAHE）的方法，该方法对 RGB 和 HSV 颜色空间进行 CLAHE 运算，并用欧几里得范数将结果结合起来。Anuradha 和 Kaur（2015）关注的是水下环境中经常遇到的光照不均匀问题，这在以往的工作中通常被忽略。他们提出了一种新的基于 LAB 颜色空间和 CLAHE 的图像增强算法，并使用基于图像梯度的平滑来解决场景中的光照不均匀问题，改善了利用 CLAHE 的水下图像增强技术的性能。

从最近的文献中可以看出，单一图像去雾仍然是一个很有研究价值的课题，特别是对于水下场景，绝对有改进的空间。在现有的技术中，我们主要可以区分两种不同的方法：

1）基于物理的算法，其目的是根据与图 4.3 相同或相似的方案，并使用有助于估计未知参数的某些先验知识，直接从模拟目标信号衰减和后向散射面纱光的方程中恢复每像素目标的辐射度。

2）非物理算法，试图增强/改变图像的某些特性，如颜色平衡和对比度，使其看起来不受介质中衰减/散射现象的影响，并提供场景的合理外观。基于物理的方法在那些场景中可能是有益的，因为应用的图像形成模型和附加先验与拍摄图像的给定环境非常相似，特别是当有一种方法可以对某些参数进行物理验证时（例如，测量衰减系数，根据已知反射率的目标进行校准）。在这种情况下，基于物理的算法可以很好地恢复直接目标信号。然而，出于同样的原因，它们的性能也往往受到很大的限制。以图 4.3 中的方案为例：这仅适用于浅水区的自然光，特别是当阳光存在并占主导地位时，因此可以认为照明是单向的。一旦我们进入非常浅的水域，就再也不够了，因为在海底可以看到阳光闪烁的效果。一旦我们沉入深水中，那里没有足够的自然光，我们必须使用人工照明来记录图像，这个模型就会失效，需要进行重大修改。

相比之下，如果非物理算法设计良好，并且与给定的图像形成模型没有太强的联系，则可以在不同的照明、散射和衰减条件下以更稳健的方式应用。这种方法的挑战在于，根据算法的某些可调参数，看起来不自然的结果可以像视觉上令人满意的结果一样容易实现，这些参数的设置可以是完全任意的，而且可能还需要用户交互。尽管如此，我们的团队也选择了这样一种非物理的、形式化的水下图像增强方法，这种方法可以同样适用于浅水和深水，有自然和人工光源，甚至混合光源，而且不需要关于图像内容或散射和吸收参数的先验信息。该方法利用了 Tarel 和 Hautiere（2009）的思想以及 He 等（2010）的引导成像滤波器，还利用了颜色恒定性原则。一些样本结果如图 4.5 所示，这突出了这种方法在低至极低能见度条件下的重要性。

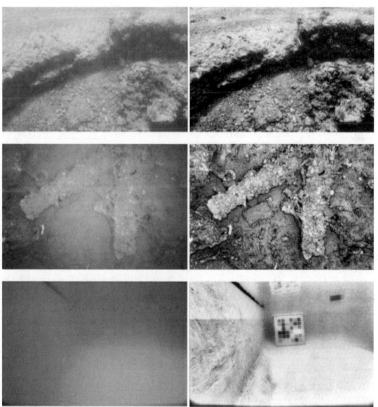

图 4.5　图像去雾（低至极低能见度条件下的水下图像复原实例）

除了需要进一步改进外，水下图像增强还存在一些问题。例如，在消除不断增加的噪声的同时，用适当的对比度检索目标信号的最佳策略是什么。最终，恢复可见性存在物理限制，因为对象和图像特征的对比度随着与摄像机的距离呈指数下降，并且在某个点上它们必然低于摄像机传感器的噪声水平。另一个问题是，当红色光谱范围内的吸收很强，只有蓝绿滤过的信号被摄像机记录下来时，如何才能最佳地恢复颜色。还可以对视频应用进行更多的研究，在视频应用中，可以利用时间相干性更好地估计应用物理模型中的未知参数，或者更好地设计非物理方法。

4.3.2 视觉里程计

精确的车辆定位和导航对于成功完成任何类型的自主任务至关重要。为此，地面应用通常采用 GPS 传感器，能够在无漂移累积的情况下进行恒定定位估计。然而在水下介质中，GPS 信息无法获取，增加了自主导航的复杂性。因此，人们对这一课题进行了广泛的研究。水下导航通常需要融合来自多个传感器的信息，如长基线、短基线、多普勒计程仪和惯性传感器，这些传感器可以估计无人飞行器的位置、速度和加速度。最近，计算机视觉领域在硬件和软件方面的进步，导致了基于视觉的导航和定位系统的发展。这种系统使用安装在飞行器上的一个或多个摄像机，通常与深海任务的人工照明系统相结合。通过使用二维（2D）映射（马赛克）或三维（3D）映射技术，对摄像机捕捉到的图像进行处理，以实时估计车辆的运动。

马赛克最初是作为一种技术发展起来的，它允许通过对齐（缝合）移动摄像机拍摄的图像来扩大场景的覆盖范围。这在水下测绘应用中尤其重要（Garcia 等，2001，2003，2005；Gracias 和 Santos Victor，2000；Jaffe 等，2002；Pizarro 和 Singh，2003；Singh 等，2004，2007），因为摄像机和海底之间的距离有限，摄像机的视野非常狭窄。基于拼接的定位技术是目前水下导航中最常用的基于视觉的定位技术，既可以采用图像特征分析，也可以采用时空图像分析。基于图像特征的方法（Eustice，2005；Fleischer，2000；Garcia 等，2003；Gracias，2002；Gracias 等，2003）涉及特征提取，如 SURF（Bay 等，2006）、SIFT（Lowe，1999）、FAST（Rosten 和 Drummond，2006）、ORB（Rublee 等，2011）等。然后使用利用邻近视觉信息的描述符对这些特征进行描述（Bay 等，2006；Lowe，1999）。这使得能够在两个时间连续的图像之间进行特征匹配或跨多个连续的图像进行特征跟踪，并最终估计摄像机的运动。摄像机的运动是通过平面同构图形来建模的（Hartley 和 Zisserman，2003；Negahdaripour 等，2005），最多可以估计 6 个自由度（3 个旋转 +3 个平移）。然后通过积分从同形图随时间估计的运动来估计车辆的位置。另一种基于镶嵌的定位系统使用时空图像梯度来直接测量帧间的车辆运动（Madjidi 和 Negahdaripour，2006；Negahdaripour，1998；Negahdaripour 和 Madjidi，2003）。当车辆测量的区域显示出显著的三维变化时，由于场景视差的影响，基于马赛克的方法往往会产生低精度的运动估计。这种拼接技术的缺陷导致了基于 3D 映射的 UUV 定位导航技术的发展。三维导航技术可涉及多个摄像机系统或单个摄像机进行采集。当使用多个摄像机配置（通常是相互校准的）时，提取图像特征并在摄像机视图之间进行匹配。然后使用三角测量技术（Hartley 和 Zisserman，2003）恢复这些图像特征的三维位置。学者提出了不同的立体导航方法。在 Eustice 等（2006）、Negahdaripour 和 Madjidi（2003）、Park 等（2003）、Zhang 和 Negahdaripour（2003）的文献中，均提出了通过在连续图像捕获上恢复特征的三维位置来估计车辆运动。Ferrer 和 Garcia（2010）以及 Filippo 等（2013）提出的另一种战略提供了一段时间内每对立体图像特征的三维位置估计，并在连续获取中配准三维特征集。然后，从 3D 点的配准中恢复摄像机的相对运动。在使用单摄像机进行视觉导航（单目视觉）的情况下，采用运动结构（SfM）策略。这些技术类似于立体导航，只是在三维特征重建过程中必须估计三维摄像机的运动。初始 SfM 方法使用基于基本矩阵的运动计算（Beardsley 等，1994；Longuet - Higgins，1981）和三焦点张量（Fitzgibbon 和 Zisserman，1998），通过使用直接线性变换（DLT）将摄像机直接配准到三维特征集，这些方法的更精确替代方案可以恢复车辆位置（Klein 和 Murray，2007）。Pizarro（2004）和 Pizarro 等（2004）提出了直接使用摄像机配准，以解决大面积车辆导航中的误差积累问题。在这里，测量区域的三维地图被划分为子地图。在子空间中，利用后方交会方法直接恢复摄像机姿态，并利用全局对准技术对子空间进行配准。Nicosevici 等（2009）提出了一种基于直接摄像机配准技术的无人机在线导航和地图绘制框架，该技术使用了一个双模型 DLT 方法，能够准确地处理平面和高 3D 浮雕场景。

4.3.3 SLAM

基于 SLAM 视觉的导航，本质上是一个航位推算过程。在导航和地图创建过程中，视觉系统根据之前的姿势或环境地图来估计摄像机的姿势，同时根据相对于摄像机姿势的观察来构建地图。所有估计都容易产生混叠、噪声、图像失真和数值误差，从而导致姿势和地图推断的不准确。尽管这些误差通常很小，但它们会在时间上积累起来，导致在大的摄像机轨迹上出现重大误差（Nicosevici 等，2009）。这些错误可以通过利用交叉产生的附加信息来减少。交叉（或循环闭合）则是机器人在视觉测量期间重新访问先前映射的场景区域时出现的情况。如果检测正确，则可以利用这些情况来建立新的约束条件，允许使用离线方法减少摄像机姿态和地图误差（见图 4.6），如 BA（Capel，2004；Madjidi 和 Negahdaripour，2005；McLauchlan 和 Jaenicke，2002；Sawhney 等，1998；Triggs 等，1999），或者使用高斯滤波器的在线方法，如流行的卡尔曼滤波器（Caballero 等，2007；Fleischer，2000；Garcia 等，2002；Richmond 和 Rock，2006）或非参数方法，如使用粒子过滤器的方法（M. Montemerlo，2007；Montemerlo 等，2003）。在这种情况下，主要的未决问题是正确有效地检测循环闭包。

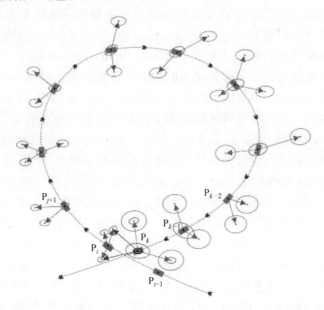

图 4.6　环路闭合检测。随着摄像机的移动，与摄像机姿势和环境贴图相关的不确定性也在增加。在瞬间 tk，摄像机重新访问之前在瞬间 ti 访问的场景区域。如果将两个时刻之间的视觉观测关联起来，则所得信息不仅可以用来减少时刻的姿态和地图不确定性，还可以传播以减少先前时刻的不确定性

　　蛮力闭环检测（将当前的视觉观察结果与整个地图进行比较），在计算上过于昂贵，特别是对于在线应用来说，因为需要匹配的特征数量非常多。

　　另一种方法是将搜索范围缩小到当前摄像机姿态附近，从而降低环路闭合问题的复杂度。这是 SLAM 社区中广泛使用的方法，其中视觉系统被建模为具有已知不确定性的传感器（Eustice 等，2004、2005；Ila 等，2007；Paz 等，2008）。然而，车辆不确定性的精确估计是一个复杂的问题，通常受到线性化近似的影响。为了弥补这一缺点，确保检测到交叉点，可以将当前观测值与地图中对应的协方差高于估计值的区域进行比较（Jung 和 Lacroix，2003；Matthies 和 Shafer，1987）。这样做使得计算变得昂贵，特别是在大轨迹环上，其中摄像机的协方差很高。此外，用于协方差估计的噪声模型不考虑障碍物、临时运动模糊、传感器故障等造成的不精确性。这些情况会导致车辆姿态估计不准确，而不反映在不确定性估计中，在这种情况下，可能无法检测到环路闭合。

　　Goedem 等（2006）、Wahlgren 和 Duckett（2005）以及 Zhang（2011）提出了一种利用特征计算视觉相似性的闭环检测方法。在导航过程中，他们从每个图像中提取关键点，如 SIFT（Lowe，2004）。这些特征在图像之间进行匹配，视觉相似度与匹配成功的特征数成正比。一般来说，这种方法对遮挡很敏感，但计算成本很

高,限制了其在大型导航轨迹上的应用。

一个更可靠、计算效率更高的替代方案是将整个图像表示为观察结果,而不是单个图像特征。在这种情况下,基于图像相似性检测交叉覆盖,大大减少了需要处理的数据量。与这种方法相关的减少的计算成本使得暴力交叉检测成为可能,即使对于大型摄像机轨迹也是如此。这允许正确地检测轨迹环,与摄像机姿态和协方差估计精度无关。

关于图像相似性交叉检测的最初建议使用基于单个全局描述符的图像表示,体现了颜色或纹理等视觉内容(Bowling 等,2005;Kroese 等,2001;Lamon 等,2001;Ramos 等,2005;Torralba 等,2003)。这种全局描述对摄像机视点和光照变化敏感,降低了交叉检测的鲁棒性。

现代特征提取和描述算子的出现,导致了新的基于外观的交叉检测技术的发展,这些技术通过局部图像描述算子来表示视觉内容(Angeli 等,2008;Cummins 和 Newman,2007、2008;Wang 等,2005)。受到对象识别和基于内容的图像检索领域进展的启发(Opelt 等,2004;Sivic,2006;Zhang 等,2006),最近此类方法的例子是用单词包(BoW)来描述图像(见图 4.7)。BoW 图像表示分为两个阶段:①训练阶段,将视觉特征集合进行分组或聚类,生成广义视觉特征或视觉词的视觉词汇集合;②第二阶段,将图像表示为视觉词出现的直方图。BoW 在丢弃图像中的几何信息的同时,被证明是一种非常可靠的检测图像间视觉相似性的方法,即使在存在光照和摄像机视角变化、部分遮挡等情况下,也能实现有效的交叉检测。

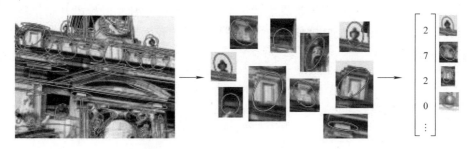

图 4.7　BoW 的图像表示。图像由广义视觉特征的直方图表示

在聚类策略方面,Schindler 等(2007)建议使用 KD 树来构建 Nister 和 Stewenius(2006)提出的视觉词汇表。然后在一个城市的水平上用这些词汇进行 SLAM,取得了很好的效果。Galvez Lopez 和 Tardos(2011)提出使用基于二进制特征的词汇表进行快速图像匹配。

Konolige 等(2010)提出了一种两阶段的方法,首先使用视觉词汇表提取候选视图,然后进行基于特征的匹配。

上述方法的主要缺点是使用了静态词汇表:词汇表是建立在一个先验知识上

的，并且在识别阶段保持不变，无法准确地模拟训练过程中不存在的对象或场景（Yeh 等，2007）。这一缺点在地图绘制和导航方面尤其重要，因为机器人应该能够在不受控制的环境中成功地检测到环路闭合情况。因此，SLAM 社区的一系列作者提出了解决这个问题的替代方案。值得注意的是，Filliat（2007）和 Angeli 等（2008）假设初始词汇表是以用户定义的距离阈值作为合并准则，随着新的图像特征以聚集的方式逐渐增加的。Cummins 和 Newman（2007、2008、2009），以及后来的 Paul 和 Newman（2010）和 Glover 等（2011），提出了一种基于 BoW 的大规模循环检测概率框架。他们使用基于 k-均值的静态词汇表显示了良好的效果，这些词汇表是由大量视觉信息构建的，不一定是在机器人导航发生的相同区域获得的。作为一个替代方案，Zhang（2011）提出了一个离线词汇构建阶段的解决方案，即直接使用视觉特征描述图像，而不是 BoW 的矢量量化表示。在这里，通过减少从图像中提取的特征数目的特征选择方法，部分地降低了用于环路闭合检测的原始特征匹配的复杂性。

Nicosevici 和 Garcia（2012）提出了一种旨在提高在线机器人导航和地图环境下环路检测效率和准确性的方法，即在线视觉词汇表（OVV）。它不需要用户干预，也不需要关于环境的先验信息。在机器人调查期间，只要视觉信息可用，OVV 就会创建一个简化的词汇表。当机器人移动时，词汇表会不断更新，以便正确地模拟场景中的视觉信息。

OVV 提出了一种新的增量可视化词汇构建技术，这种技术既可扩展（因此适用于在线应用），又可自动生成（见图 4.8）。为了实现这一目标，本文采用了一种改进的凝聚聚类算法。凝聚聚类算法从每个元素作为一个独立的聚类开始，称为基本聚类，并使用一些相似性度量将它们合并成连续的较大聚类，直到满足某个标准（例如，最小聚类数、最大聚类半径）。

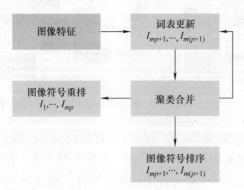

图 4.8　OVV 和图像索引流程图。在每 m 帧中，词汇表都会使用从最后 m 帧中提取的新视觉特征进行更新。然后合并词汇表中的完整功能集，直到收敛。获得的词汇表用于索引最后 m 幅图像。此外，先前索引的框架被重新索引以反映词汇表中的变化

收敛准则基于 Fisher 线性判别（McLachlan, 2004）的目标函数，最大限度地提高了所得词汇的重复性和判别能力。此外，使用自然收敛准则，该过程消除了特定于其他词汇表生成算法的用户设置参数（如聚类半径或聚类数量）的需要。

这种 OVV 在水下 SLAM 中非常引人关注，特别是在自主应用中，因为它的鲁棒性、可扩展性以及在没有人为干预的情况下能够不断适应新的环境因素。

4.3.4 激光扫描

在水下成像应用中部署激光系统的目标有两个：①增加成像设备的有效范围；②获得高分辨率的三维重建。使用基于激光的精细控制照明设备可以减少后向散射效应，使其特别适用于高浊度水域。这些系统通常由脉冲激光和距离选通摄像机组成。通过捕获从目标反射的光子而不是悬浮粒子反射的光子，减少了后向散射效应。选择性光子捕获是通过将电子摄像机快门与激光脉冲精细同步来实现的，同时考虑了目标的距离和光进入水介质的飞行时间（Caimi 等，2008）。一些实施方案使用空间加宽激光器和距离选通增强型摄像机，允许以高达 40° 的视野对目标成像（Fournier 等，1993，1995；Seet 和 He，2005）。最近的实施方案，如 LUCIE2，提供了更紧凑的此类系统配置，允许在 AUV 和 ROV 上部署（Weidemann 等，2005）。其他建议采用现成的硬件。在这种情况下，平面连续激光器通常与一维（1D）或二维摄像机耦合。使用特定的摄像机激光设置（例如，在距离摄像机一定距离处安装激光），可以降低后向散射效应（Narasimhan 等，2005）。Moore 等（2000）报告了一种混合方法，其中脉冲激光系统与线阵 CCD 摄像机耦合。脉冲激光允许较短的摄像机集成时间，从而减少了环境日光信号在浅水中的影响，并增加了混浊环境中的对比度。

三维重建技术采用激光作为结构光源，一维或二维摄像机作为捕获设备。此类技术通常涉及三个主要阶段：①激光摄像机设置的精确校准；②检测激光扫描线的图像滤波；③使用三角测量算法的三维重建（DePiero 和 Trivedi，1996）。Roman 等（2010）提议在遥控潜水器上部署一个结构光系统，以创建水下考古遗址的高分辨率水深图。该系统采用 532nm 平面激光系统创建海底剖面，利用遥控潜水器提供的导航数据进行合并。Tetlow 和 Spours（1999）也提出了类似的方法，使用激光扫描系统来生成水下模型 ROV 对接活动的站点。Moore 和 Jaffe（2002）提出了一种高分辨率海底扫描系统，生成了 1.35m 断面的亚毫米水深图，并报告了使用该系统表征海底空间变异和时间演变的良好结果。

4.4 声成像技术

由于光学器件的局限性，水下作业长期以来都依赖声呐技术。由于波长较长，声波受水衰减的影响明显较小，便于在更大范围内工作，并允许在浊度条件下工作。因此，声呐设备解决了光学传感器的主要缺点，尽管通常以提供低分辨率和更难解释的噪声数据为代价。提供距离测量的声呐，如单波束回声探测仪、剖面声呐或多波束回声探测仪，已成功用于障碍物规避、导航、定位和绘图（Fairfield 等，2007；Kinsey 等，2006；Leonard 等，1998；Roman 和 Singh，2005），后者在创建海底测深图方面特别受欢迎。

成像声呐，如机械扫描声呐或侧扫声呐，也被广泛应用于避障、定位，特别是在地图应用中（Aulinas 等，2010；Mallios 等，2014；Ribas 等，2008；Tena 等，2003），由于其能够代表来自不均匀区域的返回声强。最近，新一代成像声呐（Blu，2015；Sou，2015；Tri，2015）即 2D 前视声呐（FLS）因其以接近视频帧速率提供高质量声学图像的能力而成为能见度降低的环境中有力的替代品。与其他成像声呐相比，FLS 具有显著的优势，因为它使用了先进的传感器阵列，允许同时对多个声波回波进行采样，并将其呈现在 2D 图像中。通过直接提供一个二维图像，与其他声呐模式相比，它们提供了一个更接近眼睛自然看到的再现，并最小化了所需的处理和解释水平。因此，它们可以被视为浑水光学摄像机的类似工具（见图 4.9）。然而，由于光学和声学提示之间的固有差异，在试图利用光学图像上使用的技术时出现了问题，并且通常需要不同的解决方法。

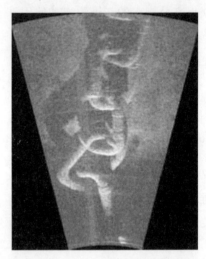

图 4.9　浑水中链的 2D FLS 图像样本

4.4.1　图像形成

二维 FLS，有时也称为声像仪，以快速刷新率提供高清晰度声图像。虽然关于工作频率、声波束宽度、帧频和内部波束形成技术的规格取决于特定的声呐型号和制造商，但它们的工作原理都是相同的。

声呐通过声波在方位角（θ）和仰角（ϕ）方向上跨越视场（见图 4.10），使场景更加逼真。然后，在极坐标图像中，通过传感器阵列对声波回波的强度进行采样，作为距离和方位的函数。因此，原始帧的尺寸对应于角度方向上的光束数和范围轴上的范围采样数。然后将这种表示方法转换为最终笛卡儿坐标的二维图像，以便更容易解释。

值得注意的是，该过程产生的图像具有非均匀分辨率，因为随着范围的增加，极坐标域中的一个像素被映射到笛卡儿坐标系中具有相同强度的多个像素上。

由于声呐结构的原因，无法消除特定距离和方位处的声回波仰角的歧义。换言

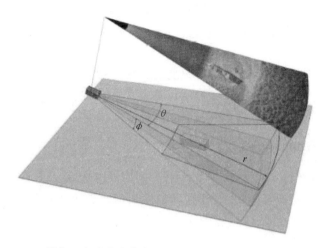

图 4.10　FLS 操作。声呐在方位角（θ）和仰角（ϕ）方向上发出横跨波束
宽度的声波。返回的声能作为（r, θ）的函数进行采样，并可解释为将三维点映射到
红色所示的零海拔平面（见彩插）

之，反射回波可能是沿着相应的仰角弧产生的。因此，3D 信息在投影到 2D 图像时丢失。

根据这一工作原理，具有球面坐标 $P(r,\theta,\phi)$ 的三维点 P 投影在图像平面（X_s Y_s）上的点 $p = (x_s, y_s)$ 中，该点遵循依赖于仰角的非线性模型（见图 4.11）。

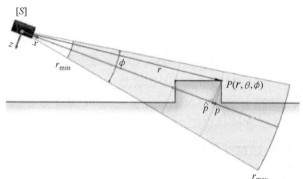

图 4.11　声呐投影几何。三维点 $P(r,\theta,\phi)$ 沿由仰角定义的弧映射到图像平面上的点 p 上。考虑到正交近似，点 p 被映射到 $\hat{p}$ 上，这相当于考虑到所有场景点都位于平面 $X_s Y_s$ 上（红色部分）（见彩插）

因此，与两个图像相关的单应性成为仿射单应性，其元素在图像中随范围和未知仰角而变化（Negahdaripour, 2012）。因此，该几何模型要求通过使用从成像配置（Negahdaripour, 2012）或从图像中识别的对象-阴影对（Aykin 和 Negahdaripour, 2013）计算的表面法线来估计声呐仰角。描述 FLS 成像几何结构的一种更简单的方法是考虑通常表征 FLS 设备的窄仰角（约 7°~10°）。将这一狭窄的高度近似到极限（即，仅考虑零高度平面），可得到一个线性模型，其中声呐可被视为正

交摄像机（Johannsson 等，2010）。因此，3D 点 P 的投影 p 近似于正交投影 $\hat{p}$，并且两个声呐框架之间的运动可以通过包含 x 和 y 平移（t_x, t_y）和平面旋转（θ）的 2D 刚性变换来关联。

与光学成像中的视差问题类似，只要场景在仰角方向上的起伏与距离相比可以忽略不计，这种近似就成立。由于声呐设备通常倾斜到一个较小的掠射角，所以在典型的操作场景下，成像几何形状就属于这种考虑范围场景的很大一部分。

4.4.2 声学处理的在线技术

前一节中描述的一些计算机视觉技术（例如，视觉里程计、SLAM）可以应用于声学 FLS 图像，以便无论水的可见度条件如何，都可以执行这些技术。然而，由于图像形成的不同性质，这些技术需要替代的处理方法。后面将描述两种最具特征和差异化的处理技术。

4.4.2.1 FLS 图像配准

类似于第 7 章中描述的技术，SLAM、视觉里程计或马赛克方法通常都需要解决前面的基本步骤：声呐图像的配准（即，找到一个声呐帧与另一个声呐帧相关的空间变换）。尽管在其他模式下，配准是一个广泛研究的领域，特别是光学配准（Zitova 和 Flusser，2003），但在声呐数据方面，它仍然是一个不成熟的领域。FLS 图像的低分辨率、低信噪比（SNR）和视点变化引起的强度变化等特点，对基于特征的配准技术提出了严峻的挑战，而基于特征的配准技术在光学图像的配准中已被证明是非常有效的。

一些基于特征的方法已经被应用于空间近距离声图像的成对配准，特别是 Harris 角点检测器（Harris 和 Stephens，1988）已经被一些研究人员用来提取 FLS 图像中的角点特征（Kim 等，2005、2006；Negahdaripour 等，2005）。这些特征随后通过局部贴片的互相关进行匹配，一旦建立了对应关系，则使用类 RANSAC 方法进行变换估计以剔除异常值。Negahdaripour 等（2011）还强调了使用流行的 SIFT 检测器和描述符从自然环境中配准 FLS 帧的困难（Lowe，2004）。一般来说，由于声呐数据的固有特性，在声呐图像中提取的像素级特征具有低的重复率（Hurtós 等，2013）。因此，提取的特征缺乏稳定性，容易产生错误的匹配，产生错误的变换估计。此外，在处理空间或时间距离较远的声呐图像时，精确提取和匹配稳定特征的困难也会加剧。

鉴于这些困难，其他研究人员提出了一些替代方案，涉及区域层面的特征，而不是像素层面的特征，这些方案可能更稳定。Johannsson 等（2010）提出了在位于急剧强度转换的局部区域中提取特征（即从强信号返回到低信号返回的变化，如在对象-阴影转换的边界中）。基于正态分布变换（NDT）算法，将特征比对问题转化为优化问题（Biber 和 Straßer，2003），调整了网格细胞聚集的地区，从而消除了获取点之间精确对应的需要，并允许可能的强度变化。最近，Aykin 和 Negahdaripour（2013）提出了类似的方法。作者建议提取包含高强度值和负垂直梯度（确保对象-阴影过渡）的 blob 特征。作为无损检测算法的替代，Aykin 和 Negahdaripour（2013）使用了一种自适应方案，其中高斯分布适合于每个 blob 特征。然后，他们提出了一种优化方法，以寻求从一个高斯映射到另一个高斯映射的 blob 投影运动。

为了克服基于特征的配准方法的不稳定性和参数敏感性，同时减轻环境中对突出特征的要求，Hurtós 等人建议使用基于傅里叶的配准方法（Hurtós 等，2014）。他们不使用稀疏的特征信息，而是考虑所有图像内容进行配准，从而对声呐图像形成的噪声和不同强度的伪影特性提供更强的鲁棒性。通过假设简化的成像几何结构，可以使用全局区域技术来执行 2D FLS 配准，从而估计与两个给定帧相关的平移和旋转。该方法利用相位相关原理来估计平移位移，这是由于在频域中能量含量与结构位移不相关。相位相关算法适用于处理可能危及配准的多个噪声源，引入特定的掩蔽过程来处理声呐扇形足迹边缘引起的频谱泄漏，并引入自适应频率滤波以适应相位相关的不同噪声量矩阵。帧间的旋转估计也是通过相位相关来计算的，但在这种情况下，直接在极性声呐图像上进行。考虑到在极坐标域中旋转与平动不分离，这被视为一种近似。然而，它在低信噪比声呐图像上表现出比其他常用的全局旋转估计方法更好的性能。图 4.12 所示为基于傅里叶变换的 FLS 图像配准的轮廓。基于傅里叶配准的另一个优点是，在给定图像大小的情况下，计算时间是恒定的，而在基于特征的方法中，计算时间根据找到的特征数量而波动。此外，快速傅里叶变换（FFT）的有效实现以及该方法的抗噪声能力，减轻了图像预处理的需要，使其适合于实时应用。

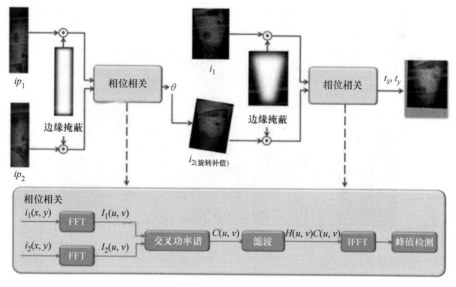

图 4.12　基于傅里叶变换的整体配准管道

4.4.2.2　FLS 图像融合

另一种应用于水下光学图像的常见处理是融合两个重叠帧的内容，以实现视觉上令人愉快的构图（Prados 等，2012）。不管采用什么特殊技术，光调和通常处理给定位置的少量图像（大多数情况下是成对的），并且只处理它们的相交区域。

这防止了直接利用为视频图像设计的混合技术，因为混合声学图像需要处理涉及高重叠百分比的多个重叠帧。由于 FLS 传感器的高帧速率，在 FLS 数据中通常存在高重叠；而且，当以跨距离方式获取图像时，由于声呐扇形足迹，必须有高重叠才能实现良好的覆盖。此外，假设图像之间的转换是精确已知的，那么保持尽可能多的重叠图像以提高最终图像的信噪比是有意义的。这又与通常在光学马赛克上采用的其他方法相反，如尝试仅为给定位置选择最佳图像部分。因此，要融合 FLS 马赛克，不仅要处理接缝区域，还要处理整个图像内容。

除了混合方法的这一主要分歧外，还存在一些声呐特有的光度不规则，也会对混合过程产生强烈影响（声透射不均匀、照明不均匀、盲区、轨道沿线接缝等）。目前的技术还没有精确的解决方案来处理所有这些因素，事实上，在文献中很少有关于声呐图像融合的工作。Kim 等（2008）在 FLS 帧的超分辨率技术背景下提出了一种概率方法。针对低分辨率声呐图像融合高分辨率图像的混合问题，根据观察帧的光照轮廓对条件分布进行建模，从而最大限度地提高得到的图像的信噪比。

Hurtós 等（2013）提出了一个预处理策略概要，旨在解决混合 FLS 图像时可能出现的每个光度不规则问题。然而，这种处理是为了离线使用，因为通常需要所有图像来估计给定伪影的校正。对于 FLS 图像的在线混合，一个简单而有效的策略是对映射到同一像素位置的强度进行平均。假设找到了正确的图像对齐方式，对重叠的图像强度进行平均会产生最终图像的去噪。因此，与单个图像帧相比，得到的图像将具有更好的信噪比（见图 4.13）。

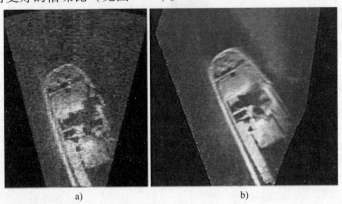

a)　　　　　　　　　　　　b)

图 4.13　通过强度平均获得的去噪效果示例。a) 使用 DIDSON 声呐（Sou，2015）以较低频率（1.1MHz）采集的单帧。b) 50 个来自同一序列的配准帧通过平均重叠强度进行混合。数据由 Sound Metrics 公司提供

4.5 本章小结

由于环境的复杂性和缺乏 GPS 等绝对定位系统，测绘和导航是一项艰巨的任务。此外，从本章可以看出，由于介质的传输特性，水下成像是一项困难的工作。光被水吸收和散射，产生范围有限、模糊、颜色变化、阳光闪烁或海洋雪等效果的图像。因此，在水下成像中，由于介质的特殊性，使用标准计算机视觉技术进行成像往往会失败。然而，有了足够的加工流水线，视觉可以成为水下机器人探索海洋的有力工具。仔细的图像增强可以有效地提高图像的可见度，部分恢复颜色，并消除雾化。这些技术与可靠的 SLAM 技术相结合，能够生成精确的映射和导航，改进远程操作，并支持自主任务水下机器人。利用激光系统进行测绘可以大大提高测绘能力，特别是在需要精确的三维测绘时。作为光学传感的补充，声学传感器可以大大增加水下机器人的测绘范围和覆盖范围，特别是在低能见度的水下环境中。

致谢

László Neumann 感谢西班牙巴塞罗那的 ICREA。Romon Hegedüs 对亚历山大·冯·洪堡基金会表示感谢，并感谢他为经验丰富的研究人员提供的奖学金。

第 5 章
基于视觉的高级驾驶员辅助系统

David Gerónimo[1], David Vázquez[1], Arturo de la Escalera[2]
1. ADAS 集团,计算机视觉中心,巴塞罗那自治大学,西班牙巴塞罗那
2. Sistemas 智能实验室,西班牙马德里卡洛斯三世大学

5.1 简介

自汽车工业诞生之初,汽车公司就不断追求新技术来提高乘客的安全性。首先,相对简单的机械装置,如转向灯或安全带,导致了更复杂的装置,如安全气囊或弹出式发动机舱盖。然后,随着电子技术的发展,电子稳定控制(ESC)和先进的制动警告等新技术通过信号处理提供了更多的保护。近十年来,随着计算技术的发展,出现了一种新型的保护系统:高级驾驶员辅助系统(ADAS)。ADAS 是一种智能系统,通过提供警告、协助决策和采取自动措施保护车辆乘客和其他道路使用者,帮助驾驶员进行驾驶操作。这些系统与之前技术的主要区别在于,安全带、安全气囊或电子稳定控制系统是在事故发生后或在危险情况发生时的最佳情况下发挥其功能,而 ADAS 旨在预测和避免事故本身。

不同于传统的机械装置、轮速传感器或加速度计,这种新技术需要新的传感器。这些传感器包括摄像机、雷达、激光雷达(光探测和测距)等。在这一章中,我们将重点放在利用摄像机的 ADAS 上(图 5.1),即利用计算机视觉技术。

图 5.1　摄像机的典型覆盖范围。为了使图片更清晰,传感器看到的实际锥形体积显示为三角形

根据摄像机的方向，我们将不同的 ADAS 分为三种类型：前向辅助、侧向辅助和内部辅助。

5.2 前向辅助

5.2.1 自适应巡航控制（ACC）和前向避碰（FCA）

追尾事故是最常见的交通事故类型之一。在美国，2002 年轻型汽车（客车、厢式货车、小型货车、运动型多用途车和轻型货车）共发生 180 万起追尾事故，占到所有轻型车辆碰撞事故的 29%，造成 85 万人受伤（Najm 等，2006）。除了频率之外，另一个特点是事故发生前驾驶员没有反应。1999 年的一份报告显示，在超过 68% 的追尾碰撞中，驾驶员没有做出任何避让动作（制动或转向）来避免追尾。

这类事故与两种系统有关：自适应巡航控制（ACC）和前向避碰（FCA）。图 5.2 所示为这些系统中使用的前向传感器。ACC 保持车辆在固定速度，直到前方有一辆速度较慢的车辆。在那一刻，它保持本车和前车之间的安全距离。驾驶员可以调整距离，系统通过加速和制动控制来保持距离。当速度较慢的车辆消失时，系统恢复固定速度。ACC 是专为高速公路设计的。FCA 提供即将发生事故的警告，主要是在低速时提醒驾驶员，如果驾驶员没有反应，一些 FCA 甚至可以执行制动至完全停车。

图 5.2　前向辅助

几乎所有的 ACC 或 FCA 商用系统都基于雷达或激光传感器。然而，随着车道偏离警告（LDW）传感器越来越多地出现在车辆上，使用同一传感器来完成这两项任务既方便又便宜。雷克萨斯是一家先驱制造商，2006 年在其先进的碰撞前系统中增加了一个立体摄像头。2007 年，沃尔沃（Volvo）与 Mobileye 合作开发了带有自动制动的碰撞警告（CWAB）。Mobileye 开发了一个基于计算机视觉的 FCA 系统（Raphael 等，2011）。斯巴鲁（Subaru）在 2008 年开发了一个名为"视觉"的传统立体声系统。最近的系统在视频和雷达传感器之间进行了传感器融合，就像 2010 年的奥迪 A8 一样。2012 年，通用汽车（General Motors）提供了一个系统，当前方有车辆或车道偏离时，同一个摄像头会向驾驶员发出警告。使用四种不同的曝光设置，可以在各种照明和天气条件下获得令人满意的图像。图像分析算法的第一步是获取感兴趣区域（ROI），从而确定车辆的可能位置。当图像中存在具有车辆特征的矩形时，可以找到感兴趣区域。在夜间，寻找成对的光源，并将其归类为前车的尾灯。ROI 通过其外观被分类为车辆。随后，它们会随着时间的推移而被跟踪，同时还会有度量指标（分类评分、时间一致性等）来衡量被跟踪的候选者确实是一辆真正的汽车的可能性。同时了解车辆状态（速度、俯仰变化），隐马尔可夫模型滤波器生成并更新每个目标车辆的估计实际位置和动力学，并确定它们是静止的、移动的还是迎面而来。最后一步是确定哪些车辆在自车路径内。利用转向角、偏航角和速度计算自车路径，并使用视觉传感器检测道路标线。

5.2.2 交通标志识别（TSR）

车辆的速度在许多交通事故中起着至关重要的作用，而且造成伤害的严重程度与车速成正比。因此，应采取一些措施，以便在必要时降低车速，如环形交叉口和减速丘。除此之外，车载传感器还可以获取车速，并通过计算机视觉技术检测 GPS 信息或交通标志。虽然 GPS 导航器包含限速信息，但有时它不会更新，有些高速公路的最高速度取决于一天中的时间，道路工程可能会改变限速。因此，检测交通标志对 ADAS 总是有用的。图 5.3 所示为 TSR 典型场景的草图。

图 5.3　交通标志识别

除了作为 ADAS 的一部分外，交通标志识别还可用于道路维护和清点（Pelaez 等，2012）。如今，人工操作人员必须观看录制的视频序列并逐帧检查交通标志的存在。自动系统的优点是可以将人类从烦琐的任务中解脱出来，它没有实时约束，但它必须处理整套交通标志，有时工作在比 ADAS 更困难的环境中。

由于 ADAS 必须处理室外环境中的目标识别问题，因此由于光照条件、阴影和其他可能导致部分遮挡的对象的存在，在识别过程中会遇到许多困难。与交通标志识别相关的特殊问题是，交通标志的颜色随时间的推移而褪色、透视失真、各国之间的象形图不同，以及不同标志象形图的数量巨大。许多提出的算法和所有的商用系统只能识别有限数量的类型和符号。

通常，交通标志识别算法有两个步骤：检测和分类。由于用于检测的形状和/或颜色信息，检测可以帮助分类步骤限制类别的数量。

对于检测，根据是否使用颜色信息，可以采用两种方法。交通标志的颜色和形状已经被选择，以便驾驶员能够很容易地与背景区分开来，因此在图像中，可以根据颜色进行分割，并通过形状进行检测，但实际上，它们的颜色在很大程度上取决于光照条件、标志的使用时间和状态，尤其是在城市环境中，有许多颜色相似的物体。由于这些原因，一些作者喜欢分析黑白图像，并使用标志的形状或外观。颜色空间主要包括以下几种：Timote 等（2009）的 RGB，Liu 等人的 HSI（2002），Ruta 等人的 HSV（2010），以及 Gao 等人的 LCH（2006）。如果不使用颜色信息，则可以使用 Hough 变换检测形状，如 Garcia Garrido 等（2011）或 Barnes 等人所述的径向对称（2008）；也可以使用 Haar 特征（Moutarde 等，2007）或 HOG（Xie 等，2009）描述外观。

对于最后一步，即检测到的标志的识别，大多数方法都是基于使用互相关的模板匹配（Piccioli 等，1996）或神经网络。尽管使用神经网络的方法有很多种，但使用最多的是径向基函数（Lim 等，2009）和多层感知器（Broggi 等，2007），通过构造一组人工样本来训练神经网络。

最早的图像数据集之一是德国交通标志识别基准（Stallkamp 等，2011），该基准是为 2011 年国际神经网络联合会议上举行的一项竞赛而创建的。详细的现状与许多参考文献可以在 Mogelmose 等（2012）的文章中找到。

2008 年，通过 Mobileye 和 Continental 公司的合作，创建了一个商用系统，出现在宝马 7 系和梅赛德斯 - 奔驰 S 级（2009）上，尽管只检测到数量有限的交通标志：圆形限速标志。其他系统增加了检测到的交通标志数量，如 2009 年欧宝和萨博汽车的超车限制。其他汽车制造商也开始提供这款 ADAS，比如大众汽车（2011）和沃尔沃（2012）。

5.2.3　交通拥堵辅助（TJA）

在堵车情况下驾驶单调乏味。在这些情况下，由于不断地加速和制动，驾驶员会承受一定的压力。堵车还会让驾驶员感到沮丧和分心，从而导致车祸。此外，交通堵塞也浪费了驾驶员的时间。

交通拥堵辅助系统是一种控制车辆速度、方向盘以及在相对低速的大流量交通中与前方车辆的距离的装置。在这种单调的交通状况下，它接管了车辆的控制权。

这个系统只是在交通拥挤的情况下引导车辆和其他车辆一起行驶，使交通堵塞变得不那么令人沮丧。然而，有些系统仍然要求驾驶员把手放在方向盘上。

这项技术将个人的舒适性与自动驾驶结合起来，有助于在交通繁忙的情况下，更舒适、更安全地驾驶。它有可能通过减少交通拥挤时的撞车事故来减少事故的发生。与常规驾驶相比，TJA 系统还提供了适度的节能效果，并且与相同数量的车辆独立驾驶相比，在道路上占用的空间要少。因此，它可以减少污染，缓解交通堵塞。然而，它既是一种豪华的功能，也是一种安全的功能。它使驾驶员在这种情况下能够自由地控制车辆，并允许他们找到其他一些利用时间的方法。

TJA 系统是先进巡航控制技术自然的下一步。它类似于巡航控制，只不过它是专门为交通繁忙的道路而不是开放的道路上工作而设计的。它仅限于低速使用，系统限速 60km/h。它结合了自动巡航控制、车道辅助和自动制动技术，帮助您的汽车在最烦人的道路条件下平稳滑行。ACC 系统使用摄像机和雷达的组合来保持与前方车辆的安全距离，车道保持辅助系统使用摄像机和传感器网络来保持车辆在车道内的中心位置。因此，这项汽车创新技术利用现有的车辆摄像头和传感器，帮助所有交通流更加顺畅。

带有 TJA 系统的车辆会监控前面的车，并自动调整速度保持稳定的跟踪距离，转向时也会保持在车道内。如果前面的车转弯以避开障碍物，那么您的汽车可以沿着轮胎的印迹模仿同样的转弯。总体来说，TJA 系统通过发动机、转向和制动器驱动。因此，通过激活该系统，驾驶员委托汽车在交通繁忙的情况下做出最重要的判断：转向、决定何时加速和减速，以及决定在其他车辆和障碍物周围保持多少缓冲距离。

从 2014 年起，它就可以在沃尔沃汽车上使用。奥迪、大众、凯迪拉克、梅赛德斯和福特也在开发类似的系统。到目前为止，似乎大多数都将以类似的方式运行，因为它们的设计也允许在这些低速情况下完全自动操作。配备 TJA 系统的梅赛德斯车主在打发时间方面的选择较少，因为这些驾驶员必须与方向盘保持接触，系统才能工作。如果驾驶员把手从方向盘上拿开，则系统将不会启动。福特版本的系统与沃尔沃类似，但有一个不同的计划。如果汽车确定附近活动过多（如相邻车道频繁变化、障碍物较多或行驶速度不稳定，因此无法预测），则它会使用音频警告提醒驾驶员收回控制权。

5.2.4 弱势道路使用者保护

在汽车发展的大部分历史中，汽车公司开发的安全技术都集中在车内人员身上，而其他道路使用者如行人或骑自行车的人却没有得到同样的重视。然而，统计数字表明，涉及这些行为体的事故数量不容忽视。例如，欧盟每年有 150000 名行人受伤，7000 人死亡（UNECE，2005）；美国每年有 70000 人受伤，4000 人死亡（NHTSA，2007）。尽管这些数字在发达地区逐年减少，但由于新的安全措施和意识，中国或印度等新兴国家的这一数字可能会大幅增加，原因是已经很高的车辆事故率和不断增加的车辆数量（Gerónimo 和 López，2014）。

20 世纪 90 年代末，麻省理工学院、阿姆斯特丹大学和帕尔马大学的 Poggio、Gavrila 和 Broggi 研究小组分别发表了第一篇关于利用计算机视觉保护行人的论文。第一种方法利用了对象分类中的知识，适用于非常有限的场景（例如，平坦道路上完全可见、照明良好的行人）。Papageorgiou 和 Poggio（2000）介绍了 Haar 小波在行人分类中的应用，并建立了第一个行人数据集。Gavrila 及其同事介绍了一种基于模板的分层分类算法，称为切角系统（Gavrila，2001）。Bertozzi 等（2003）和 Broggi 等（2000）针对车载行人检测的具体问题提出了不同的方法，例如，摄像机稳定、基于对称性的模型和跟踪。

人类图像类是计算机视觉中最复杂的类之一：除了任何前瞻性 ADAS 应用程序必须解决的典型挑战（例如，照明变化、移动目标）外，还有非刚性形状、动态、尺寸和服装非常异构。自 2000 年以来，有关行人检测的论文数量呈指数增长。计算机视觉作为一个热点研究领域的出现，有助于提高系统的鲁棒性，并寻求新的挑战，即从简单场景下的整体分类（检测整体轮廓）到杂乱街道上的多部分分类。标准行人检测器可分为三个步骤（见图 5.4）：

1）候选生成选择可能包含行人的图像窗口。选择时既要考虑摄像机的位置、行人的预期尺寸和长宽比等先验约束，也要考虑自由空间、障碍物和道路轮廓的在线检测。

2）行人分类将选定窗口标记为行人或非行人（如背景、车辆）。

3）行人跟踪为基于帧的行人检测增加了时间一致性，将每个行人窗口与视频帧之间具有对应关系的特定标识相连接。最后一个趋势是预测行人行为。

图 5.4　行人检测的主要步骤以及在每个模块中执行的主要过程

在候选生成过程中的一些主要里程碑是平坦世界假设（Gavrila 等，2004），它利用摄像机相对于道路的位置知识，以避免扫描整个图像。顾名思义，这条路是平坦的，只有在特定的街道和道路上才能通行。下一步是将其扩展到泥泞的道路（Labayrade 等，2002；Sappa 等，2008）使用立体摄像机。这方面最新和最相关的创新之一是由戴姆勒公司研究人员提出的 stixels 模型（Badino 等，2007；Benenson

等，2012）。它由一个3D占用网格组成，该网格将对象表示为放置在道路上的竖条，其像素具有一致的视差。

候选分类是研究最多的组成部分，因为它与一般的视觉对象检测有联系。第一种方法使用由局部特征组成的整体模型，如Haar过滤器（Papageorgiou和Poggio，2000；Viola和Jones，2001）或HOG（Dalal和Triggs，2005）——还有例如边缘方向直方图、局部二进制模式、shapelets等——而学习机器有SVM、AdaBoost或者随机森林等。在候选生成步骤中标记每个选中的窗口。然后，这些分类器进化为基于部分的分类器，其中单个部分也以固定（Mohan等，2001）或灵活的方式（Felzenszwalb等，2008；Marin等，2013）成为模型的一部分。值得强调的是其他方法，如上述Chamfer系统（Gavrila，2001）或隐式形状模型（ISM）（Leibe等，2008），后一种方法通过使用神经网络省略了窗口生成阶段或避免手工制作的功能（如HOG、Haar）的数据驱动功能（Enzweiler和Gavrila，2009）。最新的研究旨在检测被遮挡的行人（Tang等，2009），融合和组合不同的特征（Dollar等，2009；Rao等，2011），使用不可见光谱线索如IR（Krotosky和Trivedi，2007；Socarras等，2013），并使用在线适应新场景（Vazquez等，2014；Xu等，2014），也就是说，当车辆捕捉到新的行人时，改进分类器。

跟踪方法传统上使用众所周知的卡尔曼滤波（Franke和Joos，2000；Grubb等，2004）或粒子滤波（Arndt等，2007）技术，但也提出了其他办法。例如，Leibe等的事件锥（2007），Adnriluka等通过检测进行跟踪（2008），Mitzel等的基于轮廓的跟踪（2010），或Wojek等的长期3D轨迹模型（2014）。如前所述，最先进的作品试图用更高层次的信息（如动作分类或面部定位）扩展跟踪信息，以预测行人的行为（Keller和Gavrila，2014）。为了避免错误报警，此信息至关重要，例如，即使预测的行人路径与车辆路径发生碰撞，如果他/她的脸指向车辆，也可能不需要触发报警，也就是说，行人发现车辆并可能及时停下来。

一旦检测到行人或骑自行车的人，此信息将发送到高级组件，触发对车辆的警报或操作。有许多实例应用，特别是在过去几年中，弱势道路使用者的保护正在投入商用。其中一个最具说明性的系统是SAVE-U欧洲项目（Marchal等，2005）。它将应用程序分为三个阶段。第一阶段是早期检测，即对行人进行跟踪和检测，但不采取保护措施。第二阶段发生在行人被估计进入车辆路径，但没有预测到碰撞。在这种情况下，会触发声音警告。最后，当识别出高碰撞风险时，激活第三阶段。在这种情况下，制动器会自动启动以避免碰撞。近年来，戴姆勒公司（Daimler AG）对规避行为进行了一些有趣的研究，即在完全制动不足以避免事故的情况下绕过行人（Dang等，2004）。

最早将行人保护系统投入商用的车辆之一是沃尔沃S60，它使用了由ADAS公司Mobileye设计的雷达和可见光谱摄像机。从2013年开始，梅赛德斯-奔驰（Mercedes-Benz）将戴姆勒公司（Daimler AG）开发的研究成果纳入其中，该公司能够使用雷达探测200m远的障碍物，使用立体摄像机探测距离35m的行人。它包括紧急制动辅助系统（EBA）和紧急转向辅助系统（ESA），前者可在车速高达70km/h的情况下停车，后者可在没有足够时间停车的情况下绕过障碍物。其他汽车公司，如宝马、福特和丰田，正计划在未来几年在其高端车型中推出类似的系统。最新的研究方向集中在行人和骑自行车者的意图估计上。

读者可以参考Dollár等（2012）、Enzweiler和Gavrila（2009）、Gerónimo等（2010）的评论文章，以及Gerónimo和López（2014）的书籍，以获取详细信息。

5.2.5 智能前照灯控制

夜间驾驶与白天相比有其特定的困难，主要是由于照明不良所致。前照灯是在1890年左右随着汽车的发明而引入的，不久就融合了近光和远光的能力。两个（有时是三个）位置的前照灯允许驾驶员利用前面没有接近的车辆的优势照亮长距离，并在车辆接近时缩小照亮距离，以免眩光对其他驾驶员造成危险。通常，驾驶员更喜欢使用近光灯，只有在确实需要时才切换到远光灯。统计数据表明，使用远光灯的时间不到其应使用时间的25%（Mefford等，2006）。然而，不正确设置远光灯是众所周知的事故源，而近光灯也是事故源，由于能见度有限，因此反应时间慢。

智能前照灯控制提供了一种辅助控制灯，旨在自动优化其使用，而不会给其他驾驶员带来不便。典型的方法是对图像进行分析，寻找车辆。迎面而来的车辆用白色的灯来区分，而前面的车辆用红色的尾灯来区分。可以看出，不要让迎面而来的车辆目眩，也不要让前面的车辆目眩，因为它们可以通过后视镜看到车灯。在Schaudel和Falb（2007）的研究中，前方和迎面车辆以及足够的照明都会被检测到。如果这些条件都不适用，则远光灯就会被打开。

A. Lópe等的团队在2007年引入了一种更为复杂的方法（图5.5）。其使用blob、灰度统计和红色通道统计作为特征，使用AdaBoost作为分类器检测车辆（Lopez等，2008；Rubio等，2012）。这些系统通常使用连续的光束范围，而不是从高到低的切换。当迎面而来的车辆接近时，灯锥会动态调整，当没有检测到车辆时，灯锥会进一步移动到300m。这可以通过使用LED灯实现，这些灯根据他们所指的位置的内容发光或不发。最先进的研究集中在有选择地照亮所有的道路，只在有车辆的地方遮光。

戴姆勒公司（Daimler AG）和大众汽车公司（Volkswagen AG）等公司自2009年起在其高端车型中采用了类似的技术。

5.2.6 增强夜视（动态光斑）

ADAS和自动驾驶中的大多数应用都需要在夜间工作的特定解决方案（图5.6）。例如，虽然交通标志等反光物体经过特殊设计，可以在夜间被看到，但

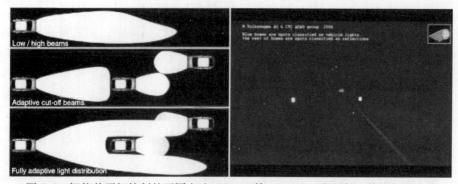

图5.5 智能前照灯控制的不同方法（Lopez 等，2008）。在顶部，传统的近光灯可以到达很近的距离。在中间，光束是动态调整的，以避免刺眼迎面而来的车辆。在底部，光束经过优化，以最大限度地提高可视性，同时使用 LED 阵列避免眩目

普通的前照灯几乎无法分辨出行人或无反光障碍物，而且它们往往离车辆太近，在发生危险时无法避开。

图5.6 增强夜视。由于采用了红外传感器，该系统能够将热物体（如汽车发动机、行人）与寒冷的道路或周围的自然环境区分开来

增强型夜视系统利用了这样一个事实：对于大多数感兴趣的物体（如行人、骑自行车的人、车辆），它们的温度与背景不同，可以通过分析场景的红外光谱来捕捉。红外光谱范围为 $0.8 \sim 1000 \mu m$，分为 $0.8 \sim 2.5 \mu m$ 的近红外（NIR），$2.5 \sim 25 \mu m$ 的中红外（MIR），$25 \sim 1000 \mu m$ 的远红外（FIR）。常规可见光谱摄像机通常也会捕获近红外和可见光谱，其范围为 $0.4 \sim 0.75 \mu m$，使其成为这项技术的低成本版本。实际上，夜视技术可以分为主动式和被动式两种，这取决于所捕获的范围。在主动系统中，摄像机发出近红外脉冲，由传感器捕捉（Andreone 等，2005）。被动系统捕获热物体直接发射的 FIR（也称为热红外）（Olmeda 等，2011；Socarras 等；2013）。后一种摄像机往往更昂贵，尺寸更高，但拍摄距离更长，在寒冷天气下也能很好地工作。

无论如何，夜间能见度始终取决于道路上可用的照明。例如，一个充满灯柱的城市场景可能会使这些系统变得无关紧要，而一条照明不良的公路或乡村公路则会显示出它们的全部潜力。使用红外线也很有挑战性，因为场景中可能充满了热物体（白天照明的热灯、车辆等）。使用这项技术的两个有趣的例子是 Ge 等（2009）和

Zhou 等（2012 年）。前者使用两级行人分类器，该分类器由从红外图像中提取的 Haar 类 HOG 特征组成。后者从热图像中提取 HOG 的特征，以便在交通安全的背景下检测鹿。

最早采用这种技术的公司之一是通用汽车公司（2000—2004），该公司的平视显示器可以显示摄像头获取的原始红外图像。这是最简单的设置：驾驶员必须经常从前护板视图切换到平视视图，以便分析潜在危险。2002 年，丰田开发了一种类似的平视显示器，但基于主动红外系统。2004 年，本田对行人进行了检测，并在平视显示器上突出显示（加框）。这个系统有一个音频警告，当行人有危险时触发，减轻了驾驶员在没有危险时检查显示屏的困难。自 2008 年起，丰田就开始采用这种行人检测系统。

其他汽车公司，如宝马、梅赛德斯－奔驰和奥迪，也在其开发初期的高端车型中采用了这些系统，并增加了行人检测功能。目前，它们包括动物检测和视听警报，利用主动或被动系统，具体取决于公司。

5.2.7 智能主动悬架

在汽车发明之后，悬架就被纳入了汽车设计中。它不仅为乘客提供舒适，而且改善了操控和制动安全，因为它通过克服道路不规则或车辆动力学（如制动或转弯）使车轮保持在道路上。悬架作为一种吸收颠簸的系统，不仅用于现代工业化时代的车辆，而且还用于旧的手推车和马车。这些系统慢慢地从叶片弹簧发展到减振器，但直到 20 世纪 80 年代才开发出主动悬架，这主要归功于电子控制的使用。主动悬架包括分析路面的传感器和控制每个车轮垂直运动的执行器，甚至根据系统升降底盘的传感器。相比以前只是吸收了机械颠簸的悬架系统，这些系统提供了一个平滑的驾驶体验。

目前在这一领域的发展是通过使用视觉来预先模拟路面的。即使当前的主动悬架系统包含了不同的传感器来处理每一个车辆的运动（即横向运动、颠簸、制动），视觉仍有能力预测所需的悬架动作。其设计思想是，该系统不是对当前的路面轮廓做出快速反应，而是使用摄像机扫描和建模路面，并相应地升高或降低每个车轮。例如，在典型的颠簸路面上，常规的主动悬架系统会对车轮下方的路面立即做出反应。智能主动悬架系统可以预测车轮和底盘在前方道路上的运动，提供比前者更平滑的悬架。Singh and Agrawal（2011）利用摄像机和激光雷达传感器获得道路的三维轮廓，为神经网络管理的伺服驱动提供线索。有趣的是，减振器油被一种磁化的液体所代替，这种液体允许系统伸缩悬架油缸。

梅赛德斯－奔驰（Mercedes－Benz）最近推出了一款名为 Magic Body Control（图 5.7）的开创性系统，该系统通过安装在风窗玻璃上的立体摄像头扫描路面。它能够以 3mm 的垂直精度扫描前方 15m 的道路。

图 5.7 智能主动悬架。图片由戴姆勒公司提供

5.3 横向辅助

5.3.1 车道偏离警告（LDW）和车道保持系统（LKS）

车道检测已经研究了大约 30 年（Dickmanns，2007；Crisman 和 Thorpe，1993；Pomerleau，1995）。由于很大比例的交通事故与非预期车道偏离有关，第一批商用的 ADAS 应用于这项任务。首先，它们在货车上实施，后来在轿车上实施。车道偏离大多发生在高速公路上的长途旅行中，在这种情况下，单调的驾驶会引起注意力的丧失或昏昏欲睡，导致车道偏离并与其他车辆或静止障碍物碰撞，或发生翻车事故。这是感知系统的优势，因为高速公路是一个非常结构化的环境。一个例子如图 5.8 所示，其中计算机视觉算法检测到了两条车道的边界。从这些信息中，正如后面将要描述的，可以对驾驶员发出一些警告或对方向盘执行一些操作。

图 5.8 车道偏离警告（LDW）和车道保持系统（LKS）

大多数算法都有相同的步骤：从图像中提取一些特征后，将其拟合到一个车

道/道路模型中,使用时间积分来剔除误差并细化结果。当人类驾驶员根据颜色或纹理以及道路边界和车道标记的存在来检测道路时,这些就是图像上检测到的特征。车道边界检测使用梯度可操纵滤波器(McCall 和 Trivedi,2006)、标记的顶帽形状(Wu 等,2008)和欧几里得距离变换(Danescu 和 Nedevschi,2009)。外观用于道路检测。Alvarez 等(2007)、Alon 等(2006)、Nefian 和 Bradski(2006)使用了颜色;Gabor 滤波器用于描述道路纹理。人们提出了不同的模型来描述车道或道路。在高速公路场景中,或仅需要靠近车辆的部分道路时,直线是最常见的(Alon 等,2006;Xu 和 Shin,2013)。更复杂的形状可以用弧线(Zhou 等,2010);McCall 和 Trivedi,2006;Linarth 和 Angelopoulou,2011;Meuter 等,2009)、多段线(Romdhane 等,2011)、回旋线(Dickmanns,2007;Danescu 和 Nedevschi,2011)以及样条线(Wang 等,2003)来描述。时间积分是基于卡尔曼(McCall 和 Trivedi,2006;Loose 和 Franke,2009)或粒子滤波(Danescu 和 Nedevschi,2009;Liu 等,2011)。

尽管摄像机是用于道路和车道检测的最常用的传感器类型,但也使用了光探测和测距(激光雷达)技术(Huang 等,2009)。其优点如下:它们提供了非常精确的车辆前方场景的三维信息,因此可以检测路缘;有些提供了关于曲面反射强度的信息,以便叮以识别车道标记或不同类型的地形。然而,它们的价格和尺寸使它们目前不适合商业应用。一些关于道路和车道检测的最新信息,可以参考 McCall 和 Trivedi(2006)、Hillel 等(2014)和 Shin 等(2014)的研究。

感知高速公路车道的 ADAS 主要有两种类型:LDW 和 LKS。二者的主要区别在于系统的输出动作,LDW 仅在意外离场发生时警告驾驶员,而 LKS 则通过控制方向盘来警告并帮助驾驶员保持车辆在轨道上。

LDW 可以考虑几种类型的信息:到车道边界的横向距离或到线路交叉口的距离(DLC),其中不考虑车辆或线路形状的信息,或车辆出发的实际时间或到线路交叉口的时间(TLC),必须知道车辆相对于车道的速度和方向。另外的信息来源是转向灯的状态,以便在正常改变车道时不警告驾驶员。

最早的系统之一是由 Iteris 在 2000 年为梅赛德斯 Actros 货车开发的,后来,日本制造商日产(Nissan)和丰田(Toyota)分别在 2001 年和 2002 年将这项技术用于轿车。虽然雪铁龙在 2004 年也安装了一些车载红外传感器用于车道检测,但计算机视觉仍是 LDW 和 LKS 的首选技术。安装在风窗玻璃后面的摄像头可以提供更多关于道路几何的信息,而且驾驶员可以得到更多预期的警告。目前,LDW 是应用最广泛的 ADAS。

LKS 需要先前解释的信息,此外,它们还会在方向盘上驱动、产生和辅助力矩,尽管驾驶员仍然负责车辆的控制。在某些系统中,车辆的制动系统会受到附加作用。为了获得道路的曲率,必须计算道路的几何图形(作为回旋线或多项式近似)。同样,ADAS 最初由本田(2003)和丰田(2004)引入日本,随后于 2008

年由大众汽车引入欧洲。

5.3.2 变道辅助（LCA）

LCA 是一组处理盲点和后视镜问题的技术。它使用传感器来检测物体和车辆，这些物体和车辆通常由于视线受阻而无法被驾驶员看到。此外，它还可以及时发现从后面驶来的车辆，并通知驾驶员。

几乎所有的汽车制造商都提供了一个 ADAS 来监控车辆的盲点。系统通过改变一个光学显示器的颜色，向驾驶员指示是否存在障碍物。ADAS 试图避免的事故类型是，当驾驶员在高速公路上改变车道时，与另一辆在盲点处行驶的车辆发生碰撞，或与另一辆不在盲点但速度比驾驶员估计得要快的车辆发生碰撞。因此，ADAS 支持驾驶员没有正确使用车外及车内后视镜或者对超车车辆速度错误估计的情况下改变车道。

可以使用两种传感器：雷达和视觉传感器。由于雷达传感器没有车道位置信息，根据道路半径的不同，当车辆位于同一车道时，或当车辆位于两车道之外而不在相邻车道跟车时，雷达传感器可能会发出错误警告，将车辆错放在相邻车道上。由于传感器的位置，安装的拖车可能会干扰雷达。尽管如此，雷达在恶劣天气条件下比视觉更加可靠，大多数制造商使用安装在后保险杠的 24GHz 雷达和集成在外后视镜中的摄像头。

自 2002 年起，一些标致和雪铁龙车型使用了 FICOSA 开发的系统（Sartori 等，2005）。它分析了盲点中物体的存在，提供了它们相对于汽车的速度和位置的定性概念。系统检测车辆并计算光流。通过相位差法得到车辆的运动状态，并在边缘图像中将车辆检测为矩形结构。融合这两种信息，可以区分接近和远离的对象，并确定不同风险水平下车辆的距离和相对速度。沃尔沃在 2005 年安装了一个基于计算机视觉的系统，但在 2007 年开始提供基于雷达的系统。

5.3.3 泊车辅助

泊车辅助系统看起来像 LCA，但它用于低速和短距离，如泊车时（图 5.9）。通过使用传感器，汽车可以测量可用空间，并向驾驶员显示这些信息。目前的系统使用有限，因为这些传感器的工作范围较低。未来的发展将让系统在停车时接管对汽车的控制，从而让汽车自己泊车。

所有汽车制造商都提供某种泊车辅助系统，从仅向驾驶员提供视觉和音频信息到自动泊车自由位置检测或半自动泊车。该传感器属于一种基于车辆周围超声波传感器环的系统。基于视觉的系统非常简单。它们提供的图像是由车辆后部的摄像头提供的。其中最复杂的是对摄像机的内外参数进行标定，从而在图像中显示出无几何畸变的图像，并绘制出超声波检测到的障碍物。通过了解摄像机的姿态和车辆的动态约束，系统还可以绘制出车辆的预定泊车路径和现有的泊车路径。

图 5.9 泊车辅助。传感器的覆盖范围显示为二维形状,以提高可视化效果

5.4 驾驶员监控和睡意检测

大多数交通事故都有人为原因。一些研究表明,80%以上的交通事故是由于人为失误造成的(Treat 等,1979)。在众多因素中,注意力不集中是最重要的因素(Beirness 等,2002)。例如,NHTSA 估计,大约 25% 的警方报告的车祸涉及某种形式的驾驶疏忽,包括疲劳和分心(Ranney 等,2001)。在欧洲,驾驶员疏忽大意导致 34500 人死亡,150 万人受伤,相关费用占欧盟 GDP 的 2%。几十年来收集的数据表明,80% 的车祸是由注意力不集中造成的,其中包括困倦和分心(Juliussen 和 Robinson,2010;Mahieu,2009)。

因此,近年来,为了在危险情况发生前提醒驾驶员,驾驶员的睡意和注意力分散受到了科学界的广泛关注。大多数研究可以分为以下三类。前两组关注驾驶员,后一组关注车辆本身:

1) 驾驶员生理信息:采集驾驶员的一个或多个生物信号,如心电图(ECG)、肌电图(EMG)、电眼图(EoG)和脑电图(EEG),以检测驾驶员睡意。

2) 驾驶员外观:通过一个或多个摄像头监控驾驶员,根据打呵欠、闭眼、眨眼、头部姿势等多种面部表情,对困倦和分心进行检测。丰田在 2006 年开发了驾驶员监控系统。当检测到危险情况时,系统会检查驾驶员是否在车辆前方,并在这种情况下发出警告。一些原始设备制造商已经开发出可以安装在车上的系统,如 LumeWay、Seeing Machines 或 Smart Eye,它们使用计算机视觉来监控驾驶员。

3) 车辆信息:对车辆进行监控,而不是对驾驶员进行监控,包括偏离横向车道位置、与线路交叉的时间、方向盘的移动、加速踏板上的压力以及指示驾驶员困倦或分心的正常行为的变化。自 2007 年以来,沃尔沃一直使用最后一种方法进行驾驶员警报控制,而戴姆勒从 2009 年开始使用这一方法进行注意力辅助。

所有这些方法都有一些优点和缺点。一方面,生物信号是对驾驶员状态的直接测量,但具有侵入性和非实用性。另一方面,驾驶员的观察没有干扰性,通过计算机视觉也可以检测到睡意。然而，光照变化和驾驶员外观的多样性是一个挑战，使得这种方法不适合一天中的每个时刻。车辆信息比较容易获得，但与驾驶员状态的相关性比较复杂，在一些重要的环境中，例如在城市内行驶时，没有车道可以避免计算两个最重要的参数：横向车道位置和交叉时间。

EEG用于睡意检测已有40多年的历史（Volow和Erwin，1973）。尽管其结果被认为是有效的（Lal和Craig在2002年检测疲劳的错误率约为10%，Golz等人于2010年获得了10%的微睡眠检测误差），但过度的侵入性，即驾驶员必须佩戴由电线连接到计算机的电极，使其在生理上不适合实际应用。

闭眼百分率（PERCLOS），即眼睛80%~100%闭上的时间间隔比例，被Skipper和Wierville（1986）描述为驾驶员睡意的指标，并得到了很大的改善，如1998年，联邦公路管理局将其作为警觉措施的公认标准（Dinges和Grace，1998）。使用近红外照明（图5.10）具有瞳孔效应的优点，类似于闪光灯的红眼效应，能够获得相对于外部照明的独立图像（Ji和Yang，2002；Bergasa等，2004）。然而，如果驾驶员戴着太阳镜，则无法计算PERCLOS，并且光照变化对图像分析算法的鲁棒性是一个挑战。

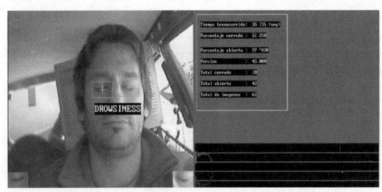

图5.10 基于PERCLOS和近红外摄像机的睡意检测

计算机视觉还可用于驾驶员监控，因为可以获得头部和视线的方向，从而也可以检测到分心。在Jiménez等（2009）的研究中，立体摄像系统自动建立面部的三维刚性模型。在视频序列开始时，人脸的显著特征被检测出来并用于建立模型，然后对模型进行跟踪。它是由Jiménez等（2012）在低光条件下进行90个偏航旋转得到的。驾驶员的头部模型最初是在一组由立体图像导出的三维点上建立的。当受试者面部出现新区域时，模型被更新。通过一组心理学家设计的驾驶训练，它在一个自然主义货车模拟器中记录的序列上得到了验证（Jiménez等，2012）。

车辆上的多个信号反映了驾驶员的意图和行为，因此可以通过对这些信号的分析来推断驾驶员的行为，同时还具有非侵入式方法的优点以及通过CAN总线来获得它们。这样可以得到几个参数，如速度、转向角、加速踏板和制动踏板位置。如果车辆正在感知车道，则附加参数为碰撞时间、车道交叉时间和横向移动（Tango等，2010）。

这是第一家汽车公司在汽车上安装驾驶员困倦或注意力系统的技术选择。缺点如下：该系统要求每个驾驶员都有一段培训期，这样对偶尔驾驶的驾驶员来说，该系统就没有用处，而且当驾驶员在不改变车辆方向的情况下在直行道路上睡着几秒钟时，系统也无法检测到。

5.5 本章小结

计算机视觉是理解汽车周围场景的关键组成部分。它有可能提供比使用雷达或激光雷达信息的其他技术更高层次的信息。在复杂环境中的行人检测、驾驶员监控或交通标志识别等工程系统中，这种高度的理解是至关重要的。正如本章所解释的，有许多商业 ADA 已经将视觉作为市场上的一个关键组成部分。然而，每一个国家都处于各自的成熟阶段，都有其特殊的问题。例如，虽然基于视觉的 ACC 的研究主要是为了改进基于雷达的 ACC 的成功案例，但行人保护正开始商业化，并且仍有很长的路要走，不仅要提高其鲁棒性，还要增加额外的功能（例如，估计其行为以预测行动），如前所述。

在本节中，我们将从整体概述 ADAS 所面临的主要挑战。我们将挑战分为两个方面：系统鲁棒性和成本。这些方面与研究人员、行业和政府必须解决的因素相对应，以实现 ADAS 与其他车辆安全措施（如安全气囊或安全带）的集成。

5.5.1 鲁棒性

测量任何机载安全系统的鲁棒性的方法之一是标准的安全性能评估，如欧洲新汽车评估计划（Euro NCAP）、日本国家汽车安全和受害者援助机构（NASV A）或美国高速公路安全管理局（NHTSA）。

尽管 ADAS 仍在被纳入这些要求很高的评估过程中，但已经朝着这个方向迈出了非常坚实的步伐。例如，Euro NCAP 为市场上最先进的安全系统制订了奖励计划，以补充通常的星级评级计划（Euro NCAP，2014）。该程序包括盲点、车道辅助、速度警报、紧急制动和碰撞前系统等。这些系统包括大多数 ADAS，并且在所处理的应用程序中非常具体。例如，在自动紧急制动（AEB）程序的情况下，它又分为城市、城市间和行人系统。从 2010—2013 年，不同的商用车都获得了奖励。值得强调的是福特的驾驶员警报（通过前视摄像头进行驾驶员监控的间接方式）；福特、奥迪和 SEAT 的车道辅助系统；以及大众汽车集团的 FCA 系统。从 2014 年开始，评估其中一些系统安全等级的标准协议已经投入使用，这就说明了该领域的成熟度。

5.5.2 成本

也许 ADAS 目前在全球部署的最大障碍是成本。夜视系统早在 2000 年就已经商业化，目前不同汽车公司的顶级车辆正在整合对道路脆弱用户的保护。然而，真正的挑战是以较低的成本将不同的 ADAS 集成到平均成本的车辆中。这里必须采取的方法是，能够对不同的 ADAS 使用相同的传感器（即，使用相同的前视摄像机检测长距离的车辆、短距离的行人和车道）。鉴于大多数分类器、跟踪器等都需要具有给定范围内的视野和分辨率的摄像机，这在当今可能会有问题。此外，需要考虑的另一个重要问题是，为这些系统提供一种简单而廉价的维护。例如，视觉系统的校准必须每年进行一次，而不是每月进行一次。在这个方向上，自校准是解决这个潜在问题的一个有趣的方法（Dang 等，2009）。最后，表 5.1 总结了每个 ADAS 中几个技术的相关性：增加相关性为无、低、有用和高。

表 5.1 每个 ADAS 中若干技术的相关性摘要：无相关性、低相关性、有用相关性和高相关性

系统类别	立体	光流	检测	分类	跟踪	激光雷达
自适应巡航控制和前向避碰	有用	低	高	高	高	有用
交通标志识别	无	无	高	高	有用	无
交通拥堵辅助	有用	低	高	高	高	有用
弱势道路使用者保护	高	有用	高	高	高	无
智能前照灯控制	无	有用	高	高	高	无
增强夜视	无	无	高	高	低	无
智能主动悬架	高	无	高	有用	高	有用
车道偏离警告和车道保持系统	无	无	高	高	有用	无
变道辅助	有用	无	高	高	高	无
泊车辅助	高	无	有用	有用	无	有用
驾驶员监控和睡意检测	有用	无	高	高	高	无

致谢

本章内容得到了西班牙 MICINN 项目 TRA2011 - 29454 - C03 - 01 和 TRA2014 - 57088 - C2 - 1 - R 的支持，该项目由加泰罗尼亚大学经济研究所秘书处（2014 - SGR - 1506）支持，还得到了 DGT 项目 SPIP2014 - 01352 的支持。另外，我们的研究也得到了 NVIDIA 公司以不同 GPU 硬件形式的支持。

第 6 章
鸟瞰应用挑战

Davide Scaramuzza
瑞士苏黎世大学,机器人与感知小组

6.1 简介

无人机(UAV)是指一种没有人驾驶的飞机。国际民用航空组织(ICAO)将无人侦察机分为两类:自主飞机和遥控飞机。无人机最初是为军事应用而设计的,但近年来,我们也看到越来越多的民用应用,如执法和消防、安全和监视、农业、航空摄影、检查和搜索救援。

6.1.1 微型飞行器

术语微型飞行器(MAV)是指尺寸小于1m、重量小于2kg的微型UAV。一些MAV甚至可以小到几厘米,重量只有几克(MA 等,2013;Troiani 等,2013)。

MAV可以看作是地面移动机器人的逻辑延伸。它们的飞行能力使它们能够轻松地避开地面上的障碍物,并拥有极好的鸟瞰视野。多用途飞行器可分为旋翼机(或旋转翼)、固定翼、扑翼、混合翼(见图6.1)。

6.1.2 微型旋翼机

微型旋翼机与基于固定机翼的旋翼机相比有几个优点:它们能够垂直起降、原地盘旋,甚至可以停靠在水面(Kumar 和 Michael,2012)。这种能力使它们能够在非结构化的室内环境中轻松导航(Shen 等,2012),可以通过窗户(Achtelik 等,2009)、穿过狭窄的走廊(Zingg 等,2010)、爬楼梯(Bills 等,2011),并通过或越过受损建筑物进行救援或检查(Faessler 等,2015;Michael 等,2012 年)。因此,它们是搜索救援和远程检查场景中勘探、测绘和监测任务的理想平台。

多旋翼MAV通常以四旋翼机、六旋翼机或八旋翼机的形式出现,并有一组对向旋转的旋翼。转子的数量越少,飞行器的效率就越高。另一方面,可以通过更多的螺旋桨和较小的转子表面与总重量之比来增强可实现的动力,从而提高飞行器的机动性(Achtelik 等,2012)。此外,六旋翼机和八旋翼机提供了防止单旋翼故障的冗余。然而,四旋翼机由于其相对简单的设计,现在已经非常成功。

图 6.1　MAV 示例：a) senseFly eBee。b) DJI Phantom。
c) hybrid XPlusOne。d) FESTO BioniCopte

6.2　GPS 导航失效

到目前为止，大多数自主式多用途飞行器都依靠 GPS 在室外导航。然而，在低卫星覆盖率或多径情况下，GPS 可能不可靠，例如，在城市环境中或在低海拔和靠近建筑物飞行时，这两种现象非常常见。此外，GPS 在室内完全不可用，因此限制了无人机在搜救或远程检查行动中的使用。在目前的状态下，大多数用于搜救和远程检查场景的 MAV 都是在操作员的直接视线下进行远程操作的（Murphy，2014）。如果能够保持与 MAV 的无线通信，则有可能通过将车载摄像机的视频流传输给操作员来远程操作 MAV。然而，在室内环境下，视频流的远程操作是非常具有挑战性的。此外，无线通信在一定的范围内是无法保证的。由于这些原因，人们非常需要能够自主导航的飞行机器人，而无需任何用户干预。

MAV 导航的关键问题是姿态和位置控制。今天的系统使用本体感测器很好地处理姿态控制，如惯性测量单元（IMU）。然而，如果没有位置控制，则它们很容易随时间漂移。在 GPS 失效的环境中，这可以通过非车载传感器（如运动捕捉系统）或车载传感器（如摄像机和激光测距仪）来解决。运动捕捉系统（如 Vicon 或 OptiTrack）由一组安装在天花板上的外部摄像机组成，这些摄像机以亚毫米精度和高帧频（超过 350Hz）跟踪机器人的位置。它们非常适合用于测试和评估目的（Lupashin 等，2014；Michael 等，2010），如原型控制策略或快速机动，并作为其他定位方法的地面实况参考。然而，为了在未知的、未探测的环境中实现真正的自主导航，就必须安装传感器。

Michael 等（2012）出版了一车关于 MAV 机载感知和控制的 MAV 专刊。文献可分为使用距离传感器（如激光雷达或 RGB-D 传感器）和摄像机传感器的方法。

6.2.1 带距离传感器的自主导航

激光雷达已被广泛用于地面移动机器人（cf. Thrun 等，2007），类似的策略也已经扩展到 MAV（Achtelik 等，2009；Bachrach，2009）。使用 RGB-D 摄像机和 2D 激光器，多频映射结果最近使用自主四旋翼进行了演示（cf. Shen 等，2012），如图 6.2 所示。虽然激光雷达和 RGB-D 传感器非常精确和强大，但它们仍然太重，对于轻型 MAV 来说会消耗太多的能量。因此，从中长期来看，摄像机是唯一可行的传感器；然而，它们需要外部照明来"看"，并需要一定的计算能力来提取有意义的导航信息。

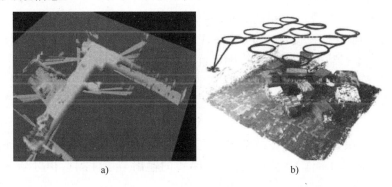

图 6.2　a）使用 RGB-D 传感器对未知的室内环境进行自主的视听探测（图片由 cf. Shen 等提供，2012）。b）使用单个车载摄像机对未知的室内环境进行自主探测（图片由 Faessler 等提供，2015）

6.2.2 带视觉传感器的自主导航

6.2.2.1 反应式导航

大多数基于视觉的 MAV 反应式导航工作都依赖于生物启发的视觉算法，如光流（cf. Floreano 等，2009；Hrabar 和 Sukhatme，2009；Ruffier 和 Franceschini，2004；Zufferey，2009）。光流已经被应用于 MAV 中，用于诸如现场悬停、起飞、着陆等任务，以及更普遍的反应式导航（例如，为了避免障碍物或通讨平衡机器人视场两侧的光流使 MAV 保持在峡谷中心）。虽然光流对反应式导航至关重要，但它不能用于精确的机动，如轨迹跟踪。此外，光流只测量相对速度，导致 MAV 不可避免地随时间漂移。尽管如此，由于光流所需的计算能力有限，该方法已成功地集成在几种商用无人机中，如 Parrot AR 无人机和 senseFly 产品，用于自主悬停和降落。

6.2.2.2 基于地图的导航

反应式导航的另一种选择是基于地图的导航，这对于配备激光测距仪的地面移动机器人来说非常成功（cf. Thrun 等，2007）。在欧洲项目 SFLY（Scaramuzza 等，2014）中，视觉 SLAM 管道（Chiuso 等，2002；Davison 等，2007；Forster 等，2014；Klein 和 Murray，2007）与惯性传感器结合使用，以实现自主的机动，如起飞和降落、轨迹跟踪和监视报道。在这项工作的基础上，已经提出了几种基于视觉的系统，它们都使用单目视觉（cf. Achtelik 等，2011；Brockers 等，2014；Forster 等，2014；Weiss 等，2013）和立体摄像机配置（Achtelik 等，2009；Fraundorfer 等，2012；Meier 等，2012；Schmid 等，2014；Shen 等，2013）。

6.2.3 SFLY：微型飞行器群

微型飞行器群（SFLY）项目○（Scaramuzza 等，2014）是欧盟资助的一个项目，目标是创建一个视觉控制的 MAV 群，能够在没有 GPS 的环境中进行自主导航、3D 绘图和最佳监视覆盖。SFLY MAV 不依赖遥控器、无线电信标或运动捕捉系统，只需一个机载摄像机和一个 IMU 就可以独自飞行。

SFLY 的第一个贡献是开发了一种新的六旋翼机，它具有足够的机载计算机视觉处理能力。这种六旋翼机是由阿斯登科技公司设计和制造的，后来以"萤火虫"的名字出售，现在已经非常流行。SFLY 的第二个贡献是基于 Klein 和 Murray (2007) 的并行跟踪和映射（PTAM）框架开发了一个本地导航模块，该模块在 MAV（Intel Core 2 Duo）上实时运行。PTAM 的输出与惯性测量相融合（cf. Weiss 等，2012）并用于稳定和控制本地 MAV，而无需与地面站连接。第三个贡献是离线密集映射过程，将每个 MAV 的单个映射合并为单个全局映射，作为全局导航模块的输入（cf. Forster 等，2013）。最后，第四个贡献是一种认知自适应优化（CAO）算法，用于计算 MAV 的位置，从而实现对探索区域的最佳监视覆盖范围（cf. Doitsidis 等，2012）。试验结果表明，在未知的 GPS 失效环境下，三个 MAV 可以自主导航，并能进行 3D 地图绘制和最优监视覆盖。有关 SFLY 的详细描述，请参见 Scaramuzza 等（2014）的研究。开放源代码对机器人社区是公开的○。

6.2.4 SVO：一种用于 MAV 的视觉里程算法

Forster 等人（2014）最近提出了一种视觉里程和绘图算法——SVO，该算法专门用于计算量有限的计算机（如 Odroid）的 MAV 导航。

与最先进的视觉里程测量和 SLAM 算法相反，它们依赖于昂贵的特征提取和管

○ 项目网址：www.sfly.org。
  YouTube 网址：https://www.youtube.com/s FlyTeam/videos。

○ http://wiki.ros.org/asctec_mav_framework。

道匹配（cf. Davison 等，2007；Klein 和 Murray，2007），SVO（半直接视觉测程）结合特征和直接的方法（由此得名"半直接"）实现了前所未有的实时性能（Odroid 板上最高可达 70 帧/s，i7 笔记本超过 400 帧/s）以及高精度视觉测程（小于 1% 的漂移）。半直接方法消除了运动估计中昂贵的特征提取和鲁棒匹配技术的需要。该算法直接对像素强度进行运算，从而在高帧频下获得亚像素精度。高帧速率和高精度的运动估计提高了在具有少量、重复和高频纹理场景中的鲁棒性。

SVO 使用概率映射方法，显式地对异常值测量建模，以估计 3D 点，这将导致更少的异常值和更可靠的点（见图 6.3）。利用递归贝叶斯估计从多个视图对图像点进行三角剖分。该概率深度估计允许使用每幅图像进行增量深度估计，并提供可直接用于路径规划的深度不确定性。

图 6.3　SVO 中的概率深度估计。由于深度滤波器（如洋红色线所示）的不确定性，MAV（顶部用黑色标记）只需要很少的运动来收敛。图片由 Faessler 等提供（2015）

SVO 目前已被用于 GPS 失效环境下的 MAV 状态估计，并与惯性传感器结合在一起，在机载嵌入式计算机上运行。Faessler 等（2015）详细介绍了 MAV 上 SVO 的集成、与 IMU 的融合以及用于闭环控制和导航的方法。开放源代码对机器人社区是公开的○。关于如何将 SVO 位置测量集成到流行的 PX4 自动驾驶仪中的说明在 PX4 网页上提供○。

6.3　应用和挑战

6.3.1　应用

无人机在搜救、远程检查、执法、视频监控、农业、航空摄影、摄影测量、绘图、娱乐和包裹递送等方面有很多应用。然而，定位和位置跟踪并不是视觉传感器的唯一用途。例如，在农业中，使用带有高分辨率光谱成像设备的无人机来收集作物信息，从而实现有针对性的施肥和更好地利用水和劳动力。这些信息可以用来减少对普通肥料的需求，这些肥料通常会污染当地的水道。基于无人机的主要观测技术称为归一化差分退耕指数（Normalized Difference Vegetation Index），这是一种基

○　https://github.com/uzh-rpg/rpg_svo。
○　https://pixhawk.org/dev/ros/visual_estimation。

于可见光和红外辐射计算的评估作物生产力的指标。当从标准摄像机观看作物时，作物通常看起来像一个模糊的绿色和棕色肿块；然而，当用红外摄像机观看时，许多颜色突然弹出，如黄色、橙色、红色和绿色；然后，软件将数百幅图像拼接成一幅完整的图片。在建筑学、考古学、地理学和自然保护学中，无人机被用作绘图工具，以获得建筑、建筑或地形的高分辨率三维模型。无人机通常设定在固定的时间间隔内拍照，并通过 GPS 规划飞行轨迹。这些图像必须下载到笔记本计算机和强大的摄影测量软件（如 Pix4D 或 Agisoft）中，这些软件使用最先进的运动结构（SfM）工具，以厘米级的精度建立密集的、真实的三维模型。这一制图技术还用于灾害管理，以获得洪水或地震后的概况。最后，无人机也被用作远程摄像机进行视频监控和检查。实时视频流从无人机无线发送到平板计算机屏幕或视频眼镜，用作对运营商的反馈。

在前面列出的应用中，无人机使用 GPS 自主导航或由专家飞行员远程操作。为了在不久的将来授权自主无人机在不同国家运行，在安全性和鲁棒性方面需要克服一些挑战。此外，除了摄像机和 GPS 外，还应使用其他传感器，如激光雷达、雷达、声呐、热像仪等。冗余允许应对传感器故障和在恶劣条件下运行，如夜间、低光、烟雾等。

6.3.2 安全性和鲁棒性

如果四旋翼机的视觉管道出现故障，那么通常只剩下一小部分选择：①飞行员必须接手；②四旋翼机必须立即着陆；③四旋翼机必须使用简单的后撤来稳定，以便继续执行任务。本节将主要回顾故障恢复和紧急着陆的最新研究进展。

6.3.2.1 故障恢复

Shen（2014）的单目视觉-惯性系统的线性滑动窗口公式提出了一种基于视觉的四旋翼系统，该系统具有故障恢复和实时初始化功能。该方法假设可以提取视觉特征并从恢复过程的一开始就正确地跟踪。

除了状态估计管道可能出现故障外，基于单目视觉的四旋翼机还存在一个缺点，即它们通常需要一个初始化阶段才能自主飞行。此初始化阶段通常通过手动或通过远程控制移动四转子来执行。由于这很耗时且不易执行，因此已尝试自动执行初始化。例如，Brockers 等（2014）和 Weiss 等（2015）提出了一种系统，允许用户将四旋翼抛向空中，然后在空中初始化视觉里程计管道。尽管如此，该系统仍然需要几秒钟的时间来使状态估计值在投掷前收敛，并需要几秒钟的时间来初始化视觉里程计管道。Martinelli（2012）提出了一种不需要初始化的视觉惯性系统状态估计的封闭解。然而，在目前的技术水平上，这种方法还不适合依赖于噪声传感器数据的系统。

Faessler 等（2015）提出了一种能够使基于单目视觉的四旋翼机从任何初始姿态自动恢复并快速重新初始化其视觉惯性系统的系统，并在四旋翼被抛向空中的场景中演示（见图6.4）。与 Shen（2014）的系统相比，他们的系统在恢复过程开始时不需要观察视觉特征，而只需要稳定姿态，这大大简化了特征跟踪，降低了计算复杂度。与 Brockers 等（2014）和 Weiss 等（2015）的系统相比，该系统无需在启动四旋翼机前准备时间，整个恢复过程进行得更快。

图6.4 用手投掷四旋翼后的自主恢复：a) 四旋翼探测到自由落体，b) 开始将其姿态控制在水平位置。一旦它是水平的，c) 首先控制它的垂直速度，然后d) 控制它的垂直位置。四旋翼机利用其水平运动来初始化其视觉惯性状态估计，并利用它 e) 首先打破其水平速度，然后f) 锁定到当前位置。图片由 Faessler 等（2015）提供

6.3.2.2 紧急着陆

早期基于视觉的无人侦察机自主着陆的研究是基于检测图像中已知的平面形状（如带有"H"标记的直升机停机坪）（Saripalli 等，2002）或对单个图像中纹理的分析（Garcia Pardo 等，2002）。后期工作（例如，Bosch 等，2006；Desaraju 等，2014；Johnson 等，2005）通过使用图像的三维地形重建评估表面的粗糙度和倾斜度来评估着陆点的风险。

Johnson 等（2005）描述了基于视觉的未知危险地形自主着陆的第一个演示。他们利用 SfM 估计两幅单目图像的相对姿态，然后对规则采样的特征进行匹配和三

角剖分，得到一幅稠密的高程图。对计算出的地形图的粗糙度和坡度进行评估，得出安全着陆区和危险着陆区的二元分类。这种方法仅根据两幅选定的图像检测着陆点，而不是连续进行深度测量并将其融合到局部高程图中。

在 Bosch 等（2006）使用单应估计来计算摄像机的运动以及恢复场景中的平面中，他们使用概率二维网格作为地图表示，以网格存储了单元变平的概率。

虽然前面提到的工作是被动的，因为探索飞行是由用户预编程的，但 Desaraju 等（2014）的工作是关于如何主动自主地选择最佳轨迹来探索和验证安全着陆点。然而，由于计算的复杂性，整个系统不能完全在飞行器上实时运行。因此，室外试验是在数据集上进行的。此外，只有两帧用于计算密集运动立体，因此需要基于特征可见性和帧间基线的准则来选择两个合适的图像。

Forster 等（2015）提出了一种完全在 MAV 上运行的实时方法（见图 6.5）。作者建议生成一个二维高程图，它是基于概率的，具有固定的大小，并且以机器人为中心，因此，总是覆盖机器人下方的区域。高程图以 1Hz 的速率连续更新，深度图使用递归贝叶斯估计从多个视图进行三角化。这种概率深度估计不仅允许使用每幅图像进行增量深度估计，而且还提供了一种深度不确定性，可以直接用于轨迹规划，从而尽可能快地减小深度不确定性（Forster 等，2014）。

图 6.5 a）四旋翼机正飞过一座被摧毁的建筑物。b）重建的高程图。c）在室内环境中飞行的四旋翼机。d）执行自主着陆的四旋翼机。探测到的着陆点用绿色方块标记。蓝线是 MAV 飞向着陆点的轨迹。请注意，立面图是局部的，并且大小固定；其中心始终位于四边形转子的当前位置之下。图片由 Forster 等（2015）提供（见彩插）

6.4 本章小结

本章描述了无人机面临的 GPS 无效时自主导航的挑战。基于激光的 SLAM 可以比 GPS 的精度高出几个数量级；但是，激光测距仪消耗的功率太大，对于轻型微型无人机来说太重。本章接着介绍了基于视觉里程计和 SLAM 技术的替代技术，作为激光导航的可行替代。但是，它们需要外部照明和足够的纹理才能可靠地工作。无人机的最佳传感器套装应该是 GPS、激光、超声波和视觉传感器（标准和红外）的组合，以在不同的环境条件下提供足够的冗余和成功。然而，对工程师和研究人员来说，环境变化的鲁棒性以及如何处理系统故障仍然是一项巨大的挑战。

第 7 章

水下视觉的应用挑战

Nuno Gracias[1], Rafael Garcia[1], Ricard Campos[1], Natalia Hurtos[1], Ricard Prados[1], ASM Shihavuddin[2], Tudor Nicosevici[1], Armagan Elibol[3], Laszlo Neumann[1], Javier Escartin[4]

1. 计算机视觉和机器人研究所，赫罗纳大学，赫罗纳，西班牙
2. 高等师范学院，巴黎，法国
3. 数学工程系，Yildiz 技术大学，伊斯坦布尔，土耳其
4. 巴黎地球物理研究所，国家科学研究中心，巴黎，法国

7.1 简介

在过去的 20 年里，水下航行器，无论是远程操作的还是自动的，已经使越来越多的应用成为可能。水下航行器获得的成像数据在考古学（Eustice 等，2006）、地质学（Escartin 等，2009；Zhu 等，2005）或者生物学（Pizarro 和 Singh，2003）等科目上实现了多种应用；在沉船检查（Drap 等，2008）、生态研究（Jerosch 等，2007；Lirman 等，2007）、环境损害评估（Gleason 等，2007；Lirman 等，2010）或检测时间变化（Delaunoy 等，2008）等任务中变得至关重要。尽管它们的捕获限制往往要求水下航行器在离海底或相关结构较近的距离航行，但与传统的多波束测深仪、侧扫声呐等海底测量传感器相比，成像传感器具有分辨率高、噪声低等优点。如此高的分辨率自然促进了对更精细尺度海底特征的解释。

进行上述科学研究最有用的工具之一是光学地图的生成。这些地图为科学家提供了海底的短程、高分辨率的视觉表现，使他们能够对感兴趣的结构进行详细的分析。此外，这些离线生成的地图可供车辆使用，以便根据先前访问的区域在环境中精确定位自己。

本章不是回顾特定的应用程序案例，而是着重描述大多数实际应用程序所共有的计算机视觉技术。这些技术解决了任务结束后收集数据的使用问题，不受实时操作的限制，并且本质上是离线的。

我们首先介绍二维马赛克的创建，这是目前在测绘和检查应用中组织水下图像最广泛使用的方法。这里的关键挑战是有效地对潜在的非常大的图像集进行联合注册，并将图像充分混合到无缝的视觉地图中，从而为手头的应用程序保留重要的视觉内容。接下来，在多模映射的背景下，利用声源测深和光学图像讨论 2.5D 信息

的包含。为了对海底结构三维模型进行精细尺度估计,讨论了运动结构(SfM)和多视图立体技术。水下应用的一个关键挑战是从点云生成有意义的物体表面,这些点云具有潜在的高噪声和高污染。接下来,通过回顾最近提出的一些图像分割技术,讨论光学地图的解释。这些技术的动机是现代水下机器人能够提供的大量图像数据,这超出了人类专家手动分析的可行性。最后,本章讨论了利用现代高频成像声呐进行成像的主题,其动机是它们允许使用为光学图像开发的计算机视觉技术。

7.2 水下测绘与检测的离线计算机视觉技术

7.2.1 2D 马赛克

建立一个 2D 马赛克是一项任务,涉及两个主要步骤。从几何角度看,采集的图像应相应地对齐和扭曲成一个单一的公共参考帧。从光度的角度来看,马赛克的渲染应该通过混合技术进行,混合技术允许处理获得的静像的外观差异,并降低它们之间的配准不准确的可见性(见图 7.1)。

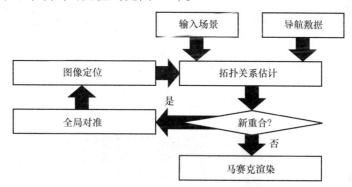

图 7.1 水下马赛克管道方案。拓扑估计、图像配准和全局对齐步骤可以
迭代执行,直到没有检测到新的重叠图像为止

大型深海调查可能由数百到数十万张图像组成,这些图像受到一些水下现象的影响,如散射和光衰减。此外,所获取的图像集可以在连续帧之间呈现小的或不存在的重叠。在这种情况下,来自声学定位传感器[超短基线(USBL)、长基线(LBL)]、速度传感器多普勒测速仪(DVL)、测斜仪或陀螺仪的导航数据就成为估计车辆轨迹的关键。

7.2.1.1 拓扑估计

不幸的是,如果来自 USBL、LBL 或 DVL 的定位数据不可用,则使用假定具有重叠区域的时间连续图像配准就成为估计机器人轨迹的唯一方法。这种推算航位的估计值受到了快速累积的配准误差的影响,这种误差转化为车辆跟随的实际轨迹的漂移。然而,它确实为所涉及的图像之间的非时间连续重叠提供了有价值的信息。

非时间连续图像之间的匹配是精确恢复车辆所遵循路径的基础。这项任务使用了全球校准方法（Capel，2004；Elibol 等，2008，2011；Ferrer 等，2007；Gracias 等，2004；Sawhney 等，1998；Szeliski 和 Shum，1997）。改进后的轨迹可用于预测非序列图像之间的额外重叠，从而尝试进行匹配。涉及新图像对的注册和随后的优化的迭代过程称为拓扑估计（Elibol 等，2010、2013）。即使导航数据可用，也需要执行拓扑估计步骤以确保恢复对车辆路径的准确估计，并且在处理涉及数十万图像的大规模调查时，其值会变得更高（图 7.2）。

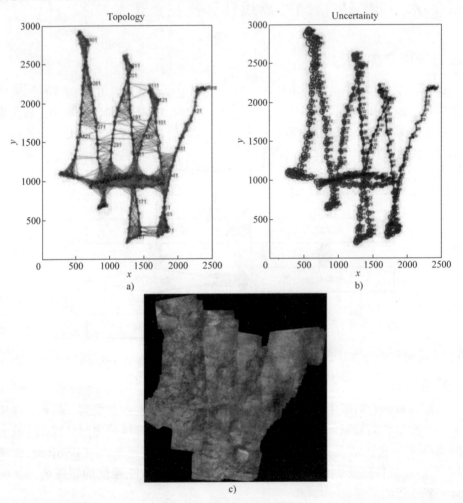

图 7.2　拓扑估计方案。a) 用 Elibol 等（2010）提出的方案获得的最终轨迹。选择第一个图像帧作为全局帧，然后转换所有图像，以便在轴上具有正值。x 轴和 y 轴以像素为单位，比例约为 150 像素/m。由于用于确定比例尺（声学高度计）的传感器的不确定度未知，因此该图以像素而不是距离表示。红色线条连接时间连续的图像，而黑色线条连接非时间连续重叠的图像对。重叠对的总数为 5412 对。b) 最终轨迹的不确定性。图像中心的不确定性由轨迹的协方差矩阵计算（Ferrer 等，2007）。不确定度椭圆以 95% 的置信度绘制。c) 根据估计轨迹构建的马赛克（见彩插）

在处理上千幅图像的数据集时，采用全对全匹配策略是不可行的。因此，需要使用更有效的技术。Elibol 等（2010）提议延长卡尔曼滤波器（EKF）框架，旨在获得最精确轨迹的同时最小化匹配尝试的总数。该方法考虑了恢复路径的不确定性，预测了新的可能图像对。Elibol 等（2011）提出了另一种基于束平差（BA）框架的拓扑估计方法。该方法将快速图像相似性准则与最小生成树（MST）解相结合，得到轨迹拓扑的估计。然后，利用高可能重叠对间的图像匹配来提高估计精度。

7.2.1.2 图像配准

图像配准问题（Brown 等，2007）包括找到一个合适的平面变换，它允许在从不同视角拍摄的两个或多个 2D 图像中对齐。其目的是将它们全部覆盖到一个单一的公共参考框架中（见图 7.3）。

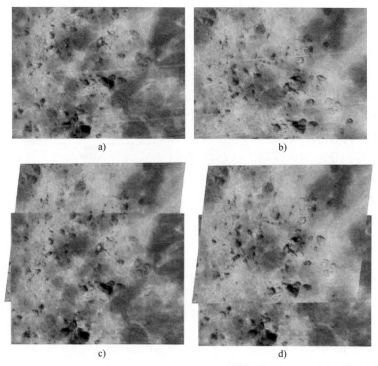

图 7.3　通过平面变换对同一水下场景的两个不同视图 a）和 b）进行几何配准，c）在顶部渲染第一个图像，d）在顶部渲染第二个图像

图像配准方法主要有两类：直接法和基于特征的方法。第一组方法，也称为无特征方法，依赖于重叠图像区域上光度一致性的最大化，并且已知适合于描述小的平移和旋转（Horn 和 Schunck，1981；Shum 和 Szeliski，1998；Szeliski，1994）。然而，在使用附着在自主水下航行器（AUV）或遥控潜水器（ROV）上的下视摄像机进行水下成像的情况下，通常使用频闪照明获取静像。这是由于功率消耗限制影响车辆的自主性，并导致低频图像采集。因此，图像没有足够的重叠来使用直接

方法进行注册。在文献中，基于特征的方法不仅被广泛应用于水下图像，而且也被应用于陆地和空中图像的配准。基于特征的方法使用一组稀疏的显著点（Bay 等，2006；Beaudet，1978；Harris 和 Stephens，1988；Lindeberg，1998；Lowe，1999）和图像对之间的对应关系，以估计它们之间的转换。

基于特征的图像配准主要分为两个阶段。首先，在特征检测步骤中，应该在图像对的一个或两个图像中定位一些兴趣点或显著点。接下来，在特征匹配步骤中，应根据给定的描述符将这些显著点关联起来。这个过程也称为对应问题的解决。根据用于检测和匹配特征的策略，可以区分两种主要策略。

第一种基于特征的配准策略依赖于使用特征检测器算法检测一幅图像中的显著点，如 Harris（Harris 和 Stephens，1988）、Laplacian（Beaudet，1978）或 Hessian（Lindeberg，1998），并识别另一幅图像中的相同特征。在这种情况下，使用互相关或平方差之和（SSD）度量来执行识别，涉及兴趣点周围给定区域的像素值。第二种方法包括使用一些不变的图像检测器/描述符检测两幅图像上的兴趣点，如 SIFT（Lowe，1999）、其更快的变体 SURF（Bay 等，2006）或者其他，并解决比较它们的描述符向量的对应问题。这些描述符已被证明对图像对之间的广泛几何和光度变换具有不变性（Schmid 等，1998）。这种鲁棒性在水下成像中变得非常重要，因为在水下成像中，视点变化和照明条件的显著变化是经常发生的。此外，已证明介质的浊度对特征检测器的性能有一定影响（Garcia 和 Gracias，2011），如图 7.4 所示。

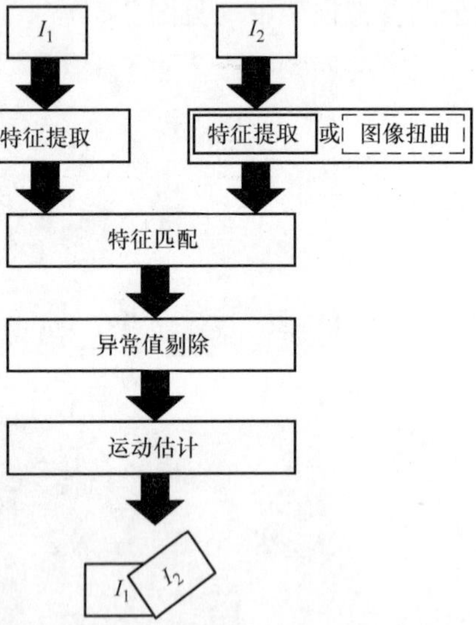

7.2.1.3 运动估计

一旦在图像对上找到一组对应关系，它们就可以用来计算描述两个图像对之间摄像机运动的平面变换。此变换存储在单应矩阵 H 中（Hartley 和 Zisserman，2003；Ma 等，2003），它可以描述高达 8 个自由度（DOF）的运动。

单应矩阵 H 编码关于摄像机运动和场景结构的信息，这有助于在两个图像之间建立对应关系。通常，H 可以从少量对应的图像对中计算出来。

单应性精度（Negahdaripour 等，2005）与用于计算的通信质量密切相关。单应估计算法假设误差的唯一来源是测量点的位置，但这种假设并不总是正确的，因

图 7.4 成对注册过程中涉及的主要步骤。特征提取步骤可以在两幅图像中执行，也可以仅在一幅图像中执行。在最后一种情况下，在基于变换估计的可选图像扭曲之后，在第二图像中识别特征

为不匹配的点可能也要在场。有几个因素可以影响检测到的对应关系的优度。图像可能会受到一些伪影的影响,例如不均匀照明、日光闪烁(在浅水区)、阴影(特别是在人工照明的情况下)和数字噪声等,这些伪影会导致匹配失败。此外,运动物体(包括阴影)可能会产生对应关系,尽管这些对应关系是正确的,但并不服从两幅图像之间的主导运动。这些对应关系称为异常值。因此,有必要使用一种能够识别对错对应关系的算法。有两种主要的策略来拒绝在书目中广泛使用的异常值(Huang 等,2007):RANSAC(Fischler 和 Bolles,1981)和 LMedS(Rousseeuw,1984)。在高斯噪声存在的情况下,LMedS 的效率非常低(Li 和 Hu,2010;Rousseeuw 和 Leroy,1987)。因此,在水下成像领域,RANSAC 是文献中应用最广泛的方法。

7.2.1.4 全局对准

水下航行器装备有下视摄像机,其图像的成对配准不能作为精确的轨迹估计策略。图像噪声、照明问题和违反平面性假设可能不可避免地导致累积漂移。因此,检测非连续帧之间的对应关系成为闭合环路并利用这些信息修正估计轨迹的重要步骤。

单应矩阵 ^1H_k 表示第 k 幅图像相对于全局帧的变换(假设第一图像帧为全局帧),称为绝对单应。^1H_k 矩阵是由于给定时间连续序列的第 k 和 $k-1$ 个图像之间的相对同构 $^{k-1}H_k$ 的级联而获得的。如前所述,相对同音字的精度有限,通过级联计算绝对同音字会导致累积误差。在长序列的情况下,这种偏移将导致属于不同横断面的相邻图像之间出现不对准(见图 7.5)。

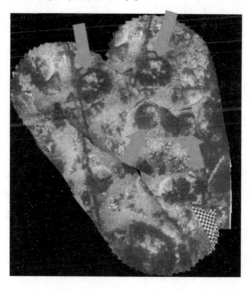

图 7.5 序列图像配准的误差累积示例。由于误差累积(轨迹漂移),相同的底栖结构出现在马赛克的不同位置

全局对准技术的主要优点是利用闭环信息通过减小累积漂移来修正成对轨迹估计。

文献中有几种方法旨在解决全局对准问题（Szeliski，2006）。全局对准方法通常要求根据图像对应点的位置最小化误差项。这些方法可以根据定义该误差的域进行分类，从而形成两大类：图像帧方法（Capel，2001；Ferrer 等，2007；Marzotto 等，2004；Szeliski 和 Shum，1997）和马赛克框架方法（Can 等，2002；Davis，1998；Gracias 等，2004；Kang 等，2000；Pizarro 和 Singh，2003；Sawhney 等，1998）。

7.2.1.5 图像混合

一旦完成了所有马赛克图像的几何配准，在全局对准步骤中，就可以渲染照片。为了产生一个可以被科学家用来进行海底研究的海底信息表示，需要使用混合技术获得一个无缝的、视觉上令人愉快的马赛克（见图7.6）。

图 7.6　由六幅 200 万像素的图像制成的照相底片。a）马赛克显示了明显的接缝，图像仅经过几何变换并在最后一幅马赛克画布上顺序渲染，最后一幅图像位于前一幅图像之上。b）应用混合算法后，伪影（图像边缘）从产生的马赛克中消失。

图片由 Dan Fornari 提供（伍兹霍尔海洋研究所）

一方面，由于形成马赛克的图像的几何翘曲，可能由于配准误差、运动对象或场景的 3D 结构的存在而导致其边界上的不一致，违反了 2D 配准所依赖的平面性假设。另一方面，由于光照条件的变化、到海底距离的振荡或水下介质的浑浊，图像外观的差异使得图像边界很容易被注意到（Capel，2004）。因此，马赛克整体外观的一致性可能会严重受损。图像融合的主要目标技术是获得生成马赛克的均匀外观，不仅从美学角度，而且从信息角度，在需要时增强视觉数据，以获得连续一致的海底表示。

根据其工作原理，主要有两组混合算法（Levin 等，2004）：过渡平滑方法和最佳接缝发现方法。过渡平滑方法是基于降低图像之间结合重叠信息的连接区域的可见性，也称为羽化（Uyttendaele 等，2001）或阿尔法混合方法（Porter 和 Duff，1984）。最佳接缝发现方法依赖于搜索最佳路径，沿着两个图像之间光度差异最小的公共重叠区域切割图像（Davis，1998；Efros 和 Freeman，2001）。这两组技术的优点结合在一起形成了第三组方法（Agarwala 等，2004；Milgram，1975），可以称为混合方法。这些方法降低了接缝的可见性，平滑了光度最佳接缝周围的公共重叠信息。

图像混合方法可以根据其能力和弱点进行分类，这可能使它们适合于某些应用，但不适用于其他应用。考虑到这些技术的主要原理，围绕最优边界的过渡平滑（即使用混合方法）的组合似乎是最近相关文献中最常用的方法。这些技术对运动目标的容忍度与原理紧密相关，是所有能够在一定程度上解决这一问题的最优寻缝方法。这是因为最佳接缝发现方法将切割路径放置在光度差异较小的区域。因此，与移动对象重叠的区域被剪切。关于进行混合的域，亮度域和梯度域都被广泛使用，而梯度域近年来得到了特别的重视（Mills 和 Dudek，2009；Szeliski 等，2008；Xiong 和 Pulli，2009）。梯度域的一个优点是，由于图像梯度对曝光差异不敏感，因此可以很容易地减少相邻图像之间的曝光差异，而不需要额外的预处理。当图像之间的信息融合受到注册错误或强烈违反平面性假设的影响时，会产生重影和双轮廓效果。当融合错误的低频信息时会产生重影效应，而双轮廓会影响高频信息。考虑到所有过渡平滑方法都受此伪影的影响，需要将融合限制在有限的宽度区域以降低其可见性。在色彩处理方面，文献中的大多数技术都是相似的。具体地说，混合总是以与源图像（即颜色或灰度图像）的通道数无关的通道方式执行。文献中很少有实时工作的方法（Zhao，2006），因此需要执行顺序处理。然而，以全局方式工作的方法能够更好地处理诸如曝光补偿之类的问题，从而确保全局外观的一致性。序列处理倾向于在图像校正上累积漂移，这可能强烈依赖于第一次处理和缝合的图像。很少有混合方法被认为能处理高动态范围的图像。然而，基于梯度的混合方法由于域的性质，能够从本质上处理它们。能够处理高动态范围图像的方法需要应用色调映射（Neumann 等，1998）算法，以便适当地显示结果。高动态范围应该延长，以便使其可视化到低动态范围设备，如屏幕监视器或打印机。

大规模的水下调查通常会产生由数千到数十万张照片组成的大量图像数据集。考虑到处理这些数据可能需要大量的计算资源，需要使用特定的优化技术，如 Prados 等（2014）提出的技术。管道的第一阶段涉及输入序列的预处理，需要减少图像的非均匀光照等伪影，主要是由于使用了有限功率的人工光源以及光的衰减和散射现象。在此步骤中，应用基于深度的非均匀照明校正，该校正根据车辆到海底的距离动态计算足够的照明补偿函数。接下来，使用基于上下文相关梯度的图像增强，使得当在不同深度或不同曝光时间获得相邻图像时，能够均衡这些图像的外观。流水线根据图像质量（即图像清晰度和噪声水平）和采集距离等多个标准选择每个图像对最终马赛克的贡献。此步骤允许去除冗余和低质量的图像信息，这些信息可能会以相反的方式影响周围的贡献图像。然后，找到所有图像之间的最佳接缝位置，最小化切割路径周围的光度差异并丢弃移动对象。在优化计算的接缝周围的狭窄区域中应用梯度混合，以最小化连接区域的可见性，并沿所有涉及的图像优化外观均衡。使用一个狭窄的融合区域可以减少由于注册不准确而产生的伪影，如重影或双轮廓。最后，应用一种策略，可以在传统硬件中处理由上万幅图像组成的巨大马赛克。该技术将整个马赛克分割成块，单独处理，然后使用另一种需要低计算资源的方法再次无缝地混合所有马赛克。

7.2.2　2.5D 映射

除了在离海底很近的地方获得的光学图像外，AUV 和 ROV 在离现场更远的地方可以获得水深信息。声学信息的分辨率低于光学图像，但提供了海底地形的粗略近似值，在现场解释时可能会提供很大的信息量。光学和声学数据都可以结合起来，将详细的 2D 高分辨率照片投影到由水深测量生成的低分辨率三角形网格中，从而形成 2.5D 马赛克（见图 7.7）。以前，由于声学数据只能提供高程信息，这些马赛克不能被认为是 3D 的。

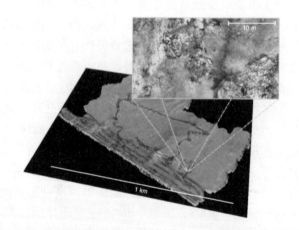

图 7.7　2.5D 大西洋海脊区域的地图，约 1km^2，由水深测量和所生成的高分辨率图像的混合照片合成而成。获得的场景表示为科学家提供了感兴趣区域的全局视图，以及在离海底很近的地方获得的详细光学信息。数据由 Javier Escartin 提供（CNRS/IPGP，法国）

关于这种扫描配置在声呐测绘中的不同用途有大量文献，利用原始声呐读数自动生成这些地图的方法是近年来的一个热门研究课题（Barkby 等，2012；Roman 和 Singh，2007）。这些技术的应用已被证明为其他研究领域提供了关键的好处，如考古学（Bingham 等，2010）或地质学（Yoerger 等，2000）。给定深度读数，检索曲面表示为直截了当。通过定义一个公共平面，所有的测量都可以投影到二维平面上，然后对平面上的投影应用 Delaunay 等不规则三角剖分或网格剖分技术，利用第三坐标以 2.5D 表示提升曲面。这些映射可以通过对纹理使用光度学来增强，从而产生该区域的多模态表示（Campos 等，2013；Johnson Roberson 等，2009）。因此，三角化的深度图为科学家们提供了研究区域的总体视图，而纹理化的摄影照片可以在特殊感兴趣的区域达到高水平的细节。

光学和声学数据，即地图，应进行几何注册，以对准其位置和比例尺。由于这两类信息在解释为图像时很难相互关联，因此配准主要依赖于车辆定位数据。此外，手动选择的基准点可用于优化两个地图的对齐方式。如果两者之间的分辨率存在显著差异（某些数量级），则注册中的微小误差可以忽略不计。

另一方面，虽然没有那么广泛，但摄像机也被用来重建高度图。对于全三维重建，文献中的方法更多地关注点集的恢复，而不是曲面重建部分。因此，焦点通常放在多个摄像机位置的配准上，可以使用任一 SfM 系统（Bryson 等，2012；Nicosevici 等，n.d.）或 SLAM 方法（Johnson Roberson 等，2010）以及单目或立体摄像机（Mahon 等，2011）。这些方法在水下领域的应用必须面对处理噪声图像的额外复杂性，即前面提到的由于光在水介质上的快速衰减、图像上的非均匀光照和前向/后向散射而导致的像差。这就意味着需要对图像进行进一步的预处理以缓解这些问题，并且必须处理重建过程中的较大误差，不同于它们在陆地上噪声较小的对应方法。此外，如前所述，下视摄像机的公共配置使得方法倾向于将这些点下面的形状表示为公共参考平面中的高度图，这可以很容易地使用主成分分析（PCA）来提取（Nicosevici 等，n.d.；Singh 等，2007）。

7.2.3　3D 映射

在本节中，我们将讨论 3D 映射问题。回想一下，在 2D 和 2.5D 两种情况下，我们假设存在一个可以将图像投影到其上的基面，即一旦提取出运动，构建地图主要包括将图像扭曲和变形到这个公共平面上。但是，请注意，在 3D 情况下，问题变得更加复杂，因为缺少此基本表示。

上述关于感兴趣区域接近平面的假设促进了位于水下航行器底部的扫描传感器的使用，它们的光轴与海底垂直。事实上，这种配置也有助于解决大面积映射的问题：通过使用下视摄像机/传感器，我们获得能够提供场景形状的总体概念的概述功能。

因此，对于水下测图，从更一般的角度来处理 3D 重建问题的建议很少。如果我们放弃场景是 2D/2.5D 的假设和传感器下视配置，那我们就可以观察任意 3D 形状。在声学和光学两种情况下，为了能够重建物体的形状，都需要飞行器的轨迹。一方面，对于声学情况，多波束传感器提供的单个 2D 条带可以与车辆的运动合成以获得 3D 点云。另一方面，对于光学情况，一旦摄像机的轨迹可用，就可以使用从每个摄像机 – 2D 特征对中产生的视线射线在 3D 中对点的 3D 位置进行三角化。

因此，映射问题与轨迹估计问题密切相关。在光学领域，当处理纯光学数据时，这两个问题通常被表述为 SfM 方法（Bryson 等，2012；Nicosevici 等，n. d.）；当除了光学信息之外还有其他可用信息时，这两个问题通常被表述为更通用的 SLAM 方法（Johnson Roberson 等，2010）。在这两种情况下，引导车辆轨迹和场景结构优化的光学约束都是重投影误差。对于给定的三维点，此误差定义为图像中相应的二维特征与使用摄像机姿势及其内部几何体的三维点的后向投影之间的差异。请注意，在此过程中只使用图像中的相关特征点，这将导致重建的场景被描述为稀疏点云。为了得到更真实的物体表示，密集点集重建方法通常用于估计轨迹（Furukawa 和 Ponce，2010；Yang 和 Pollefeys，2003）。

在车辆轨迹顺利恢复后，无论使用的扫描技术是声学还是光学，场景始终作为点云进行检索。请注意，这也适用于陆地和/或空中应用中的其他三维恢复技术（如激光雷达扫描）。无论使用何种技术，物体的扫描总是以离散测量（即点）的形式进行，这些测量应该在物体表面进行。而且，得到的点云是非结构化的，不能对物体的形状做任何假设。

很明显，用点云表示场景会使这些数据的进一步解释和/或处理复杂化。首先，很明显，这些点集很难可视化。由于这些点是无穷小的，从任何给定的角度来看，用户都无法判断对象的哪一部分应该可见，哪一部分应该被遮挡，只有专家用户才能借助于查看软件围绕点集移动来解释数据。此外，单独使用点会使直接应用于点集的进一步计算变得复杂。基本上，由于这些点之间的连接性是未知的，我们无法计算物体上的简单度量（如面积、交点）。即使可以直接从点集中提取一些近似值，当物体的连续曲面已知时，计算也要简单得多。

然后，我们可以得出结论，需要从点云中的离散测度导出对象的曲面表示来描述 3D 物体。这个过程在文献中被称为一组无组织点的曲面重建问题（以下简称曲面重建问题）。鉴于现代硬件图形体系结构能够有效地显示三角形基本体，通常使用三角形网格来表示我们要获取的曲面。这样，我们就得到了场景表面的分段线性近似，可以用来帮助可视化和进一步的演算。请注意，曲面重建问题本质上是不适定的，因为给定一组点，可以定义多个与样本一致的曲面。另外，我们还有一个额外的问题，就是这个集合中的点不是对象上的完全精确的度量。在现实世界的数据集中，无论用于检索点集的方法是什么，都受到两个主要问题的影响：噪声和异常值。噪声指的是重复性（即方差），而异常值是指对于在点提取过程中因误差而提供的测量不准确的点。因此，我们可能需要重建曲面，同时减弱输入中的噪声并忽略异常值。

在下面的章节中，我们将概述曲面重建的最新技术，包括一般方法以及水下社区如何开始对该主题产生兴趣。然后，我们展示了一些可应用于生成的三角形网格的附加应用程序和进一步的处理。

7.2.3.1 曲面重建

由于上述常见的传感器下视的配置，在水下社区中解决三维绘图问题的方法很少。在这方面的少数例子之一可以在 Johnson Roberson 等（2010）的文献中找到，他们基于 Curless 和 Levoy（1996）的曲面重建方法，设计出用于无限制的三维重建。尽管如此，在这种情况下，在 2.5D 近似值前应用这种方法的附加价值并不清楚，因为摄像机仍然以下视的配置观察场景。Garcia 等（2011）提出的另一个建议是，使用一个前视摄像机和一个更复杂的结构，使用密集的三维点云检索技术和泊松面重建方法重建水下热液喷口（Kazhdan 等，2006）。

对于下视配置，从深度读数到 2.5D 表示的直线性使得场景作为三角地形模型的重建只是一个侧面结果。然而，我们现在关心的是一个更一般的场景，传感器可以安装在一个限制性较小的配置中，也就是说，位于机器人的任何位置和任何方向。通过这种新的排列方式，可以从任意角度观察物体，因此检索到的测量不再适合投影到平面上（也因此无法构建 2.5D 地图）。从更远的位置观察物体可以更好地理解物体的整体形状，因为可以从更适合其探索的角度观察其特征。图 7.8 描述了这个方向的一个例子，在这里我们可以找到水下热液喷口的勘测。从图 7.8b 可以很明显地看出，仅使用 2.5D 表示无法恢复烟囱的许多细节和凹度。在这种情况下，安装在机器人前部、相对于重力矢量大约以 45°的角度定向的摄像机，允许对该区域进行更详细的观察，从而获得更高的分辨率。因此，在这些新的勘探方法中，曲面重建问题对于完成三维成图管道是至关重要的。

另一个困扰曲面重建技术发展的问题是，在实际操作中检索到的点集的缺陷本质。数据中存在的大量噪声和大量异常值显然使处理过程复杂化。因此，使用的曲面重建方法主要取决于我们处理的数据的质量以及该方法从损坏的输入中恢复可靠曲面的能力。

鉴于点集表示的普遍性和问题本身的普遍性，曲面重建引起了许多研究领域的关注，如计算机视觉、计算机图形学或计算几何。这些方法主要分为两类：基于点集插值的方法和基于点逼近曲面的方法。由于这些传感器的广泛应用，这些方法通常应用于距离扫描数据集。然而，它们往往是通用的，足以适用于任何基于点的数据，无论其来源如何，因此包括我们目前从水下场景中检索的光学和声学点集的情况。

另一个相关的问题是一些方法需要与点集相关联的附加信息。目前许多方法都要求每个点的法线都可用，以帮助消除这个不适定问题的歧义。此外，一些方法假设更高层次的信息，如拍摄场景时扫描设备的姿势，以进一步限制对与真实被扫描对象的表面相对应的表面的搜索。这些性质的可用性也将指导我们选择合适的算法。

在下面的章节中，我们将概述目前最新的基于插值和近似的方法。

1. 基于插值的方法

主要由计算几何界研究，基于点插值的方法一般依赖于空间剖分技术，如 Delaunay 三角剖分或其等价的 Voronoi 图。用体积视图解决这个问题的算法试图将这些结构的单元划分为属于对象内部的单元和来自对象外部的单元。然后，表面基本上位于这两个体积之间。使用这种思想的广为人知的方法是 Cocone（Amenta 等，2000）和动力外壳（Amenta 等，2001）。这些算法通常依赖于点集上假设的特定采样条件的一些理论证明。然而，在现实世界中，这些条件常常得不到满足，并且需要派生一些启发式方法来呈现在这些情况下有用的方法。我们还可以通过在每次迭代时对下一个要插入的点/三角形进行局部决策，来区分饥饿方法，即曲面增量增长，一次一个三角形（Bernardini 等，1999；Cohen Steiner 和 Da，2004）。

假设对于尝试插值点的方法，部分输入点也将成为输出曲面的顶点，则噪声将转换为生成的网格。因此，这类方法不能处理噪声输入。克服这一限制的一种方法是对点集应用先验噪声平滑步骤，这提供了相当好的结果（Digne 等，2011）。尽管如此，一些方法在重建过程中仍然面临着忽略异常值的问题。Kolluri 等（2004）的光谱划分或 Labatut 等（2007）的基于光学的图形切割方法就是这方面的典型例子。

2. 基于近似的方法

我们可以找到大量基于近似的过程，这使得它们更难分类。然而，大多数方法的共同特点是以隐式形式定义曲面，并使用包含对象的工作体积的离散化对其求值。本实施例逼近曲面之后，曲面三角形网格可以通过曲面网格划分步骤（Boissonnat 和 Oudot，2005；Lorensen 和 Cline，1987）提取。因此，我们主要可以根据它们提供的隐式定义对这些方法进行分类。

最常用的方法之一是从输入点导出带符号的距离函数（SDF）。这个 SDF 可以定义为从一个给定点到一组局部基元的距离，如切线平面（从输入点的已知法线导出）（Hoppe 等，1992；Paulsen 等，2010）或移动最小二乘（MLS）近似（Alexa 等，2004；Guennebaud 和 Gross，2007；Kolluri，2008）。或者，一些方法使用 SDF 的径向基函数（RBF）插值。RBF 方法通常用于从样本外推数据，用于从具有相关法线的点集导出 SDF（Carr 等，2001；Ohtake 等，2003、2004）。

另一方面，也有一些近似方法，其中寻求的隐式函数不是距离函数而是指示函数。这个简单的定义表示给定点是对象内部的一部分还是外部的一部分，即它是一个纯二进制标记（Kazhdan 等，2006；Kazhdan 和 Hoppe，2013；Manson 等，2008）。通常，此内部/外部信息是从已知的逐点法线提供的信息派生的。

请注意，到目前为止，所有已审查的方法都要求已知每个输入点的曲面法向量。很明显，在扫描方法不提供此信息的情况下，对每点法线的要求可能是一个负担。此外，估计输入点的法线以重建曲面是一个鸡和蛋的问题：要计算法线，我们必须以某种方式推断每个点周围的曲面。然而，即使使用没有法线的原始点集，我们也可以导出一些距离函数。唯一的缺点是生成的函数必须是无符号的。在使用无符号距离函数（UDF）时，主要问题在于，我们不能像 SDF 或基于指示符函数的方法那样从零级集提取曲面。因此，可以尝试使用一些启发式方法来恢复函数的符号（Giraudot 等，2013；Hornung 和 Kobbelt，2006；Mullen 等，2010；Zhao 等，2001）。

在上述所有情况下，噪声衰减和异常值剔除都是有问题的，而且大多数情况下都需要每个点的法线。不过，也有其他方法提出了非常规程序，但不需要任何额外的信息，如 Campos 等（2013、2015）将从这些点导出的一组局部形状合并到全局曲面中，而不使用中间隐式公式。相反，他们修改了 Boissonnat 和 Oudot（2005）中的曲面网格划分方法，以便能够直接处理这些局部曲面。因此，在这些情况下，网格划分和曲面重建问题是内在联系的，这意味着生成的曲面质量也是用户参数。此外，这两种方法都采用处理数据中噪声和异常值的思想，在方法的不同步骤中使用稳健的统计技术，并允许重建有界曲面，这通常出现在测量划定的海底区域时。最后两种方法分别应用于水下光学测图数据集和 Campos 等（2015）的行为样本，如图 7.8a 所示。

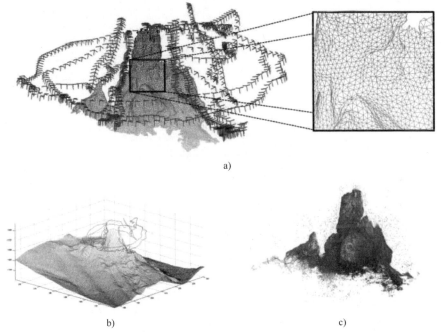

图 7.8　a）用于绘制大西洋中脊约 1700m 深度的水下烟囱的轨迹（红色/绿色/蓝色分别对应 $X/Y/Z$ 轴）。我们可以看到摄像机总是以前视方式指向物体。所示物体的形状是使用 Campos 等（2015）提出的方法恢复的。请注意，与使用 b）中多光束传感器获得的相同区域的 2.5D 表示相比，细节水平有所差异。b）中的轨迹是下视的，悬停在物体上，但是为了便于比较，我们显示了与 a）中相同的轨迹。最后，c）显示了通过光学技术检索的原始点云，用于在 a）中生成曲面。请注意，此数据集包含的噪声和异常值都比较大。数据由 Javier Escartin 提供（CNRS/IPGP，法国）（见彩插）

7.2.3.2 进一步应用

现代图形硬件——图形处理单元（GPU）——以实时三角形显示的能力简化了重建场景的可视化。此外，三角形网格的广泛使用促使近年来各种网格处理技术迅速发展，这些技术可能有助于进一步处理。关于这些方法的更广泛概述，可以参考 Botch 等（2010）的研究。其中一些技术包括：

1）网格划分（或重新划分网格）：改变三角形的质量/形状（见图 7.9b）。一些计算，如有限元法（FEM），要求三角形的形状接近规则，或适应对象的复杂性或曲率。网格划分（或重新划分网格）方法允许根据用户自定义的三角形形状参数化调整三角剖分的质量。

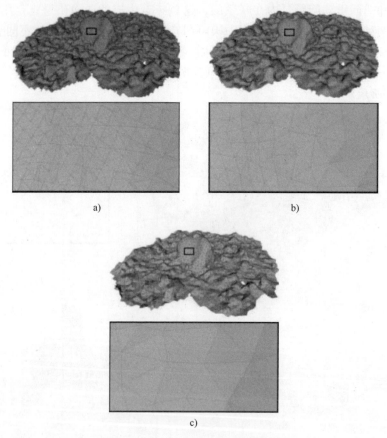

图 7.9 可应用于重建表面的表面处理技术的样本。
a）原件。b）重新划分网格。c）简化

2）简化：与重新划分相关，我们可以改变网格的复杂度（见图 7.9c）以实现实时可视化，或者进一步简化计算数据的演算。

3）平滑：平滑结果曲面的外观。请注意，在使用基于插值的曲面重建技术的情况下，此技术可能特别有用，因为在这种情况下，噪声点云将导致曲面的粗糙和尖峰近似。平滑方法尝试衰减网格中的小高频成分，从而获得更具视觉效果的曲面。

与纯基于网格的方法相比，当使用基于光学的重建时，我们还可以从纹理映射中获益。纹理映射是一个后处理步骤，其中用于重建场景的原始图像的纹理也可以用于着色，并且基本上能够为生成网格的每个三角形提供纹理。由于我们已经从一组视图重建了曲面，因此摄像机和曲面都处于同一个参考系中。因此，如图7.10所示，纹理映射非常简单：我们可以将每个三角形投影到其兼容的视图中，并使用封闭的纹理。然后这个问题就简化为，在第7.2.1节中讨论过的混合问题，但是在3D中。这些方法的不同的可用变体主要涉及从给定的三角形中提取纹理的最佳视图的选择，以及减轻合成获得的纹理时可能出现的不同角度的光照差异。两种有代表性的方法可在Lempitsky和Ivanov（2007）以及Gal等（2010）的文献中找到。

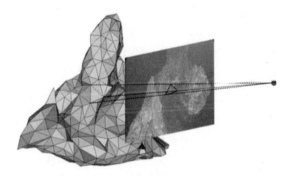

图7.10　纹理映射过程，从原始图像中提取三维模型中填充三角形的纹理。
数据由 Javier Escartin 提供（CNRS/IPGP，法国）

7.2.4　用于海底分类的机器学习

与现有的大量陆地图像分类工作相比，水下图像分类仍然是一个比较新的研究领域。在这种环境下，除了水下图像固有的挑战外，还有与图像分类相关的具体挑战。这一领域的主要挑战包括：海底生物或感兴趣结构形态的显著类内和类间变异，类间复杂的空间边界，视角、距离和图像质量的变异，空间和光谱分辨率的限制，海底三维结构造成的物体部分遮挡，类结构的逐渐变化，由于波聚焦而产生的光伪影以及水柱的可变光学特性。

AUV和ROV收集的海底图像通常由海洋生物学家和地质学家手动分类。由于人工劳动的繁重，目前已发展出几种海底结构物和元素的自动分割和分类方法。尽管这些方法的结果已经被证明不如人工分类准确，但这种自动分类作为进一步分析的起点仍然非常有价值。

在计算机视觉领域中，一种通用的有监督的目标分类方法包含几个标准步骤，如图像采集、预处理、不变特征提取（纹理、颜色、形状）、特征修改（核映射、降维、归一化）、分类器训练，以及最后的精度测试。框架中的每个步骤都有许多不同的计算机视觉技术可用于海底物体分类。

在利用光学图像进行海底自动分类的初步尝试中，Pican 等（1998）采用了灰度共生矩阵（GLCM）。Haralick 等（1973）和 Kohonen 地图（Heskes，1999）被用作纹理描述符。在 Shiela 等（2008）和 Soriano 等（2001）的研究中，作者使用一个前馈反向传播神经网络对水下图像进行分类，他们使用局部二进制模式（LBP）作为纹理描述符（Ojala 等，1996），使用归一化色度坐标（NCC）和平均色调饱和度（HSV）作为颜色描述符。Johnson – Roberson 等（2006）的作品使用声学和光学图像进行海底分类。Cortes 和 Vapnik（1995）使用支持向量机（SVM）对声、视觉特征进行分类，并根据经验确定权重。Mehta 等（2007）提出了类似的方法，即将支持向量机用于对图像中的每个像素进行分类。

另外，用于图像特征化的一般对象分类的最常用策略之一是使用单词包（Csurka 等，2004），如 Pizarro 等（2008）的研究中提到的。该方法具有较高的准确度，可被认为是当前技术的主要参考方法之一。

Gleason 等（2007）在一个两步算法中使用了颜色和纹理特征对三种广泛的覆盖类型进行分类。这个系统需要昂贵的采集硬件，能够采集窄带图像。Marcos 等人（2005）使用 LBP 和 NCC 直方图作为特征描述符和线性判别分析（LDA）（Mika 等，1999）作为分类器。Stokes 和 Deane（2009）使用标准化颜色空间和离散余弦变换（DCT）对底栖动物图像进行分类。最终的分类是使用他们提出的概率密度加权平均距离（PDWMD）分类器从分布的尾部进行的。这种方法时间效率高、精度高，但需要精确的颜色校正，这在没有受控照明的水下图像上可能很难实现。

Diaz 和 Torres（2006）的工作使用了 Francisco 等（2003）的局部均匀系数（LHC），对能量、熵、均匀性等纹理特征进行分割和逐像素距离分类。这种方法只能处理本质上具有高度区分性的类，因此在水下应用有限。Beijbom 等（2012）提出了一种新的海底分类框架，该框架包括使用最大响应（MR）滤波器组（Varma 和 Zisserman，2005）生成特征向量，以及基于 RBF 核的支持向量机分类器。在该方法中，使用了多个补丁大小，相对于分类精度提供了显著的改进。Bender 等（2012）使用了一种新的概率目标最小二乘分类器方法，对海底类似类型的区域进行聚类。这种方法显示出很有希望的结果，并有可能在未来的研究中得到发展。

对于测量图像包含足够重叠以允许提取深度信息的情况，则基于 2.5D 甚至 3D 的特征可以提供重要的附加信息。Friedman 等（2012）提出了一种新方法，通过使用 PCA 将区域投影到平面上，计算海底地形 Delaunay 三角化表面网格的粗糙度、坡度和坡向特征。他们利用这些特征为科学界定义海底地形的特征。St John BIO-

Mapper 等地理信息系统工具使用曲率、平面曲率、剖面曲率、平均深度、深度方差、表面粗糙度、陡度和坡度方向等统计数据来表征海底的复杂性。其中一些特征可以看作是水下目标描述的潜在 3D 或 2.5D 特征。

Shihavuddin 等（2013）提出了一种海底分类的自适应方案，该方案使用了一种新的图像分类框架，该框架适用于单一图像和复合镶嵌数据集，如图 7.11 所示。此方法可以配置为单个数据集的特征，如大小、类数、样本分辨率、颜色信息可用性和类的类型。在另一个研究中，Shihavuddin 等（2014）融合 2D 和 2.5D 特征以获得更好的分类精度，研究重点是弹药检测。他们在最高分辨率的地形地图上，使用了一些 2.5D 特征，如对称性、粗糙度、曲率以及 2D 特征。

图 7.11　埃拉特附近红海珊瑚礁斑块镶嵌图像的海底分类示例，覆盖约 3m×6m。
a) 原始镶嵌图。b) 使用五个类别的分类图像：脑珊瑚（绿色）、蚕豆珊瑚（紫色）、
分枝珊瑚（黄色）、海胆（粉色）和沙子（灰色）。数据由
（特拉维夫大学的 Assaf Zvuloni 和 Yossi Loya 提供）（见彩插）

Schoening（2015）提出了一种组合特征方法，用于自动检测和分类底栖大型动物，并最终对深海采矿的底栖矿产资源进行数量估计。该方法适用于特殊类型的

海底目标检测。

不管所用方法的特殊性如何,只有在足够好的条件下获得图像,海底的自动分类才能获得准确的结果。在这方面,自动驾驶车辆发挥着重要(如果不是至关重要的话)的作用,因为在清晰可见度、均匀照明、视角和高度一致、图像重叠充分的条件下,使用以高分辨率获取的视觉数据可获得最佳分类结果。

7.3 声学测绘技术

一些研究者已经注意到,FLS 作为光学摄像机的替代或补充设备在地图绘制中得到了应用。传感器的平行性变得很简单:可以利用 FLS 通过 FLS 图像的配准来拼接海底,遵循相同的 2D 摄影的概念。尽管 FLS 的范围比光学摄像机大,但它们的视场也是有限的。因此,通常不可能在单个帧内对给定区域进行成像,或者至少在不牺牲大量分辨率的情况下通过将设备的范围推到极限来成像。在这种情况下,FLS 图像的拼接允许获得感兴趣区域的扩展概览,而不管可见性条件如何,并且不影响分辨率。

与光学马赛克类似,创建声学图像马赛克的工作流遵循三个主要步骤:

1)图像配准:首先,使用图像配准方法计算帧到帧的变换。FLS 图像的特殊性对通常用于图像拼接的配准技术提出了重大挑战。从这个意义上讲,使用所有图像内容的基于区域的方法(Hurtós 等,2014)比基于特征的方法更合适(Kim 等,2005、2006;Negahdaripour 等,2005),后者在低信噪比(SNR)图像上有更不稳定的行为。此外,由于避免了显式特征的提取,配准技术仍然独立于环境中存在的特征的类型和数量,并且它可以稳健地应用于从无特征的自然地形到人造场景的各种环境。

2)全局对准:通过组合不同的变换,将连续图像转换为公共参考帧,从而对准。利用非连续图像之间的变换,利用全局优化技术,可以修正沿轨迹累积的误差。Hurtós 等(2014)将获得全局一致性声学镶嵌图的问题设定为基于姿势的图形优化。基于连续帧和非连续帧之间的成对约束,提出了一种最小二乘最小化方法来估计声呐图像的最大似然配置。为了将声呐约束条件集成到优化框架中,提出了一种量化配准结果不确定性的方法。除了声呐的运动约束外,该框架还可以集成来自航位推算导航传感器或绝对定位传感器的约束。此外,还需要制定一项战略来确定根据图像位置的空间排列假设的循环闭合,因此仅在重叠的帧对之间尝试配准(Hurtós 等,2014)。一旦构建了图形,就可以使用为高效优化姿势图而开发的不同后端例如,g2o(Kummerle 等,2011)和 iSAM(Kaess 等,2012),以此来渲染单个图像的最终绝对位置集。

3)马赛克渲染:最后,为了实现信息丰富和平滑的马赛克,对各个声呐帧进行融合。与光学马赛克中的混合不同,这意味着要处理大量重叠图像以及由其图像形成几何体产生的声呐特定伪影。根据数据中存在的光度不规则性，可以在帧级（即，由于声呐传感器元件的不同灵敏度而导致的不均匀声波模式、跨帧的不均匀照明、由于成像配置不当而导致的盲区）和马赛克级（即，由于重叠图像的数量和分辨率不同，沿不同轨道线的接缝）间启用不同的策略（Hurtós 等，2013）。

这样一个镶嵌系统对于在浑浊的水域和浑浊的环境中进行的许多制图任务是非常重要的。一个明显的例子是绘制船体，出于安全原因，需要使用潜水员对船体进行例行检查，这是一项危险和耗时的任务。鉴于这些检查是在港口内进行的，而港口内水的能见度通常是有限的，因此它们是所述测绘方法的目标应用的一个很好的例子。图 7.12 所示为使用配备 DIDSON FLS（Sou，2015）的 HAUV（Vaganay 等，2005）从波士顿港的 King Triton 船只获得的马赛克示例。该马赛克由 518 帧组成，整体外观一致，可以识别船体上的各种特征。

图 7.12　船体检查马赛克。使用配备 DIDSON FLS 的 HAUV 收集的数据。数据由蓝鳍机器人公司提供

另一个重要的应用是绘制港口、海湾和河口的地图，这些地方通常能见度低。图 7.13 所示为在码头环境中使用来自海洋研究和试验中心（CMRE）的自主水面飞行器生成的马赛克示例。在这种情况下，使用了 BlueView P900‐130 FLS（Blu，2015a），可以提供具有宽视场、长距离和低分辨率的单个图像。由于在不同的轨道上检测到几个环路闭合，即使连续的环路有相互的标题，并且图像的外观高度不同，马赛克也显示出一致性。

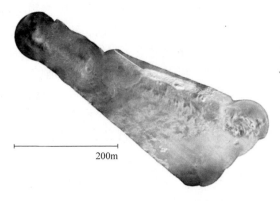

图 7.13　港口检查马赛克。数据收集自一艘拥有蓝景 P900–130 飞行高度层的自主水面舰艇。数据由海洋研究与试验中心提供

图 7.14 所示为使用 FLS 进行声学成像的最后一个例子。由四条不同的轨道和 1500 多个 FLS 帧组成的马赛克展示了伊比利亚海难的残骸。马赛克是实时创建的，这得益于一个限制性的标准，即帧候选者选择尝试配准。为了便于比较，图 7.14 显示了由光学数据构建的同一区域的马赛克。

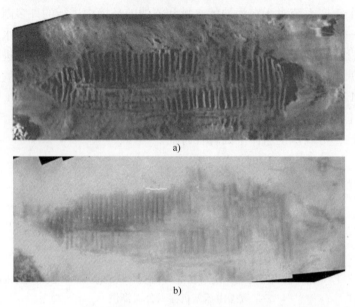

图 7.14　海滩马赛克：a）声学马赛克和 b）光学马赛克

7.4　本章小结

在本章中，我们讨论了相关的水下制图和分类技术。利用所提出的制图技术，可以对水下航行器所测量的环境进行大规模但详细的可视化表示。选择采用哪种制图方法取决于各种因素：①制图应用；②测量和采集传感器的类型；③环境特征。具体来说，当特定研究只需要视觉信息（即颜色、纹理、形状）且测量区域相对平坦时，2D 制图技术最为适宜。相比之下，当结构信息很重要，或当测量区域具有显著起伏变化的特征时，2.5D 和 3D 制图技术是最合适的。

此外，对于需要语义信息的应用/研究，我们提出了能够自动分类视觉数据的机器学习技术。这些技术使用监督学习方法，允许将知识从专家转移到系统。然后，系统使用这些知识对新的视觉数据进行分类，并为用户提供有意义的语义解释。

结 束 语

Antonio M. López

ADAS 集团，计算机视觉中心（CVC）和计算机科学系，巴塞罗那大学（UAB），巴塞罗那，西班牙

到目前为止，计算机视觉领域已有 20 多年的历史，在阅读了本书的不同章节之后，人们对这一领域所取得的进展感到惊讶。计算机视觉在陆地、海洋和空中对车辆技术的贡献是毋庸置疑的。目前的成熟度水平要归功于不同方向的进步，即不断改进摄像机（成本、分辨率、帧速率、尺寸、重量）、更强大的处理单元（CPU、GPU、FPGA）、更公开的数据集和评估协议（例如，KITTI Vision Benchmark Suite），当然还有越来越多的用于鉴别特征提取、匹配、立体和光流计算、目标检测和跟踪、定位和映射、时空推理、语义分割等的整合计算机视觉和机器学习算法。

总体来说，我们可以找到不同的基于视觉的商业解决方案来解决与车辆相关的实际问题（尤其是驾驶员辅助）。然而，尽管取得了巨大的进步，如果我们将车辆的计算机视觉技术与人类的视觉能力进行比较，我们可以放心地说，仍有很大的改进空间。仅以驾驶员任务为例，我们可以看到，必须大大改进高级推理（即用于实时风险分析和决策的人工智能），这甚至可能涉及道德和立法方面的考虑（例如，当涉及第三方的车祸可能不可避免时）。在另一个极端，即低层次视觉，甚至是特征提取都必须改进，以提高在不利条件下的鲁棒性，以应对世界正在变化的事实实体（例如，如果我们依靠地图和基于视觉的定位来导航，那我们必须对世界视觉外观的严重季节性变化保持鲁棒性）。

值得一提的是，深卷积神经网络（DCNN）最近在一些困难视觉任务中表现出惊人的性能，如图像分类（Krizhevsky 等，2012）、目标识别/定位/检测（Girshick 等，2016；Sermanet 等，2014）以及语义分割（Long 等，2015；Noh 等，2015）。注意，给定 DCNN 体系结构的层甚至可以用于不同于 DCNN 原始端到端训练期间假设的任务（Hariharan 等，2015）。事实上，不同的 DCNN 体系结构已经被用于诸如光流和视差计算等低级任务（Dosovitskiy 等，2015；Mayer 等，2015），以及更高级别的活动，如场所识别（Chena 等，2015；Sunderhauf 等，2015）。这为基于深度学习的方法开辟了一条新途径，将提高车辆技术中的计算机视觉性能（Huval 等，2015）。事实上，主要的硬件导向公司都在利用计算机视觉和深度学习来开发车辆感知，如基于嵌入式 GPU 的超级计算机 NVIDIA Drive PX 2。此外，我们还必须补充最近在 GTC 2016 上发布的专门用于训练 DCNN 的新型超级计算机，即所谓的 NVIDIA DGX-1。在 DGX-1 中训练的深度模型将直接转移到 Drive PX 2。

尽管由于所有这些新的科学和技术工具，我们可以预见到进步，但仍有不同的

挑战需要解决。例如，计算机视觉方法往往在恶劣的天气条件和恶劣的光照下失败。因此，有必要改进摄像机操作的视觉光谱或远红外线。否则，视觉与其他传感器的互补不仅在短期内是强制性的，而且在长期内也是强制性的。事实上，只要考虑到系统成本，将视觉与其他类型的传感器（光探测和测距、雷达等）互补，是确保冗余和整体系统可靠性的良好做法。因此，多模态感知也将是一个非常相关的话题。2016 年底宣布的一种有趣的传感器是固态激光雷达，它承诺了一种低成本的深度信息阵列，可以补充视觉光谱。

训练和测试正在开发的算法，特别是与使用深度学习技术相关的算法的另一个重要考虑是大幅增加公开数据集的大小和注释质量。最近一个值得注意的例子是 Cityscapes（Cordts 等，2015），这是一个包含手动收集的、像素级驾驶场景注释的大型数据集。另一种方法是使用真实的计算机图形生成训练图像，并自动生成地面真实感。例如，SYNTHIA 就是这样（Ros 等，2016），它包含 RGB、深度和语义类的像素级信息。事实上，在虚拟世界和适应真实场景的领域中训练的目标检测器已经证明了它们在驾驶辅助系统中的有用性（Marín 等，2010；Vazquez 等，2014；Xu 等，2014、2016）。此外，增量自学习方法不仅能够使用标注数据，而且能够使用非标注数据，是提高视觉感知鲁棒性的关键。

最后，要解决的一个核心问题是整车验证。如果我们以一辆自动驾驶汽车为例，那我们可以很容易地想象它必须能够处理的许多情况。如何衡量这样一个大规模生产的系统的可靠性是一个悬而未决的问题。事实上，使用允许用例驱动测试的现实虚拟环境可以大幅降低验证成本。一个例子是虚拟 KITTI（Gaidon 等，2016），用于测试在恶劣天气条件下基于视觉的车辆检测算法。当然，尽管这些系统在这种模拟环境中进行了全面评估，仍然有必要在专用基础设施和常规条件下在真实场景中对它们进行验证。

总之，从事车载计算机视觉研究的学术界和工业界正面临着一场激动人心的变革，这无疑将带来巨大的社会效益和令人难以置信的技术进步。例如，根据欧洲议会称，自动驾驶汽车和无人机是可能改变人类生活的十大技术之一（Van Woensel 等，2015）。

参考文献

扫码阅读原书
参考文献